Gabriele von Ende-Pichler

Du hast mehr Kraft, als du glaubst

Gabriele von Ende-Pichler

Du hast mehr Kraft, als du glaubst

In schwierigen Zeiten
neue Hoffnung schöpfen

Kösel

FSC
Mixed Sources
Product group from well-managed
forests and other controlled sources
Cert no. SA-COC-001819
www.fsc.org
© 1996 Forest Stewardship Council

Verlagsgruppe Random House FSC-DEU-0100
Das für dieses Buch verwendete FSC-zertifizierte Papier
EOS liefert Salzer St. Pölten

Copyright © 2010 Kösel-Verlag, München,
in der Verlagsgruppe Random House GmbH
Umschlag: Kaselow Design, München
Umschlagmotiv: Lothar Hennig, München
Druck und Bindung: CPI Moravia Books s.r.o., Pohorelice
Printed in Czech Republic
ISBN 978-3-466-30869-9

Weitere Informationen zu diesem Buch und unserem
gesamten lieferbaren Programm finden Sie unter
www.koesel.de

Inhalt

»Du hast mehr Kraft, als du glaubst« –

in schwierigen Zeiten neue Hoffnung schöpfen

Immer wieder haben sich in meinem Leben neue Türen geöffnet, unvermutet, überraschend. Es waren oft Türen, hinter denen Unbekanntes und Spannendes wartete. Kaum war die eine geschlossen, stand ich schon vor der nächsten, die neue Erfahrungen versprach. Das war nicht immer einfach, und sicher hätte ich die eine oder andere Tür auch nicht freiwillig geöffnet, wenn ich eine Wahl gehabt hätte. Aber das »Stehaufweibchen« in mir wurde wahrlich geschult in meinem bisherigen Leben, und so schaue ich heute dankbar auf das zurück, was mir dadurch möglich wurde.

Derzeit gibt es gleich zwei neue Türen, die sich mir aufgetan haben. Die erste hat mit dem zu tun, was mich in meinem Leben immer begleitet, getragen und wieder auf die Beine gestellt hat: meine Malerei. Ich habe den wunderbaren Auftrag erhalten, die scheußliche S-Bahnunterführung am Bahnhof in Haar mit meiner

Kunst, mit Licht und Glas in ein »Wohlfühl-Dorado«
zu verwandeln.

Die zweite neue Tür ist dieses Buch. Es spukt schon
seit Langem in meinem Kopf herum. Ich habe festgestellt: Mein eigenes Leben ist gespickt mit Erfahrungen,
von denen ich einige dankbar, andere zumindest in diesem Augenblick alles andere als dankbar angenommen
habe. Aber ich wollte all die Möglichkeiten, Lösungen,
Fügungen und »Zufälle«, die sich oft unverhofft dadurch
ergeben haben, nicht mehr missen. Sie haben mir immer
wieder gezeigt, was doch alles in mir steckt, von dem ich
gar nichts wusste.

Aber nicht nur mein Leben hat sich immer wieder
verändert. Ich durfte auch viele Menschen in den Phasen begleiten, in denen für sie Neues begann, und ihnen
meine vielseitigen Erfahrungen mit den Aufs und Abs
des Lebens weitergeben. Es ist wunderbar, Menschen
wieder heiter und fröhlich zu erleben, wenn sie Lebensveränderungen überstanden haben, die für sie existen-
ziell waren. Veränderungen gehören zum Wachstum
und dem Erstarken des Menschen dazu.

Wirklich spannend fand ich aber schon immer die
Frage: Wie hat man diese Hürden genommen? Wer oder
was hat einem dabei geholfen? Wie hat man es geschafft,
sich ein neues Leben aufzubauen, in dem man – anders
zwar, aber trotzdem – glücklich ist? Woher nimmt man
eigentlich diese Stärke? Was ist das, was einen so stark
macht? Erfahrungen aus überstandenen Notlagen?
Gene? Einsichten? Die Erziehung, das Vorbild, das uns

unsere Eltern oder Geschwister gegeben haben? Der Freundeskreis? Glaube und Hoffnung? Mut und Vielseitigkeit? Die eigene Haltung in und zu sich selbst und zum Leben generell?

Ich hatte also die Idee, einmal wissenschaftliche Berichte und Erkenntnisse zu diesem Thema zu bündeln und durch Erzählungen von Menschen zu ergänzen, die in vermeintlich unabänderlichen Situationen steckten, aber ihr Schicksal nicht nur gemeistert haben, sondern daraus sogar gestärkt hervorgegangen sind.

Um dem Buch eine nachvollziehbare Struktur zu geben und die Erfahrungen und Erkenntnisse in einen Rahmen zu stellen, habe ich das Modell des »Sieben-Jahres-Rhythmus« gewählt, der die Zyklen in unserem Leben meiner Ansicht nach gut abbildet und ihn in sinnvolle Abschnitte gliedert. Natürlich sind die Übergänge dieser Zyklen fließend, und sie vollziehen sich auch nicht bei jedem Menschen mit der gleichen Deutlichkeit, dennoch sind es wichtige Lebensabschnitte, die jeweils ihre eigene große »Überschrift« tragen, ihre eigene Prägung haben. Mehr dazu finden Sie im unten stehenden Abschnitt über den »Sieben-Jahres-Rhythmus«.

Ein weiterer, wichtiger Begriff in diesem Buch ist der der Resilienz. Man versteht darunter die Fähigkeit, sich mithilfe bestimmter Bewältigungsstrategien aus schwierigen Situationen zu befreien und daraus Stärkung für die Zukunft zu ziehen. Manche Menschen beherrschen diese Bewältigungsstrategien scheinbar intuitiv. Ihnen gelingt es in der Regel, Lebenskrisen zu meistern, ohne daran zu zerbrechen. Resilienz hat aber auch viel mit der eigenen Sicht der Wirklichkeit und der generellen Einstellung zum Leben zu tun. Daher ist es möglich, diese Bewältigungsstrategien zu »erlernen«. Und weil das ein wesentliches Anliegen meines Buches ist, habe ich dem Begriff der Resilienz ein eigenes Kapitel gewidmet, bevor ich die einzelnen Jahrsiebte näher beschreibe.

Ich möchte Ihnen aber nicht nur ein Buch vorlegen, das wissenschaftliche Erkenntnisse und Erlebnisberichte versammelt. Es soll auch ein Buch sein, das Ihnen die vielfältigen Möglichkeiten aufzeigt, die in Ihnen stecken, um schwierige Lebenssituationen zu bestehen. Ich möchte, dass Sie Ihr eigenes Potenzial, Ihre Stärken entdecken, dass Sie wieder Mut schöpfen und glauben können, dass kleine und große Wunder möglich sind. Und wenn Sie gerade nicht in einer Krise stecken, kann das Buch Ihnen helfen, sich für diese Zeiten zu wappnen. Vielleicht werden Sie am Ende Ihr Leben besser verstehen können. Vielleicht haben Sie etwas weniger Angst vor Veränderungen und können besser mit ihnen umgehen, wenn sie unverhofft auf Sie zukommen. Sicher ist aber: In Ihnen liegen wunderbare Schätze – lassen Sie uns sie gemeinsam bergen!

Was ist Resilienz?

Als ich in meinem Bekanntenkreis gefragt habe, ob irgendwer schon einmal das Wort »Resilienz« gehört habe, reagierten die meisten nur mit einem fragenden Blick oder mit Schulterzucken. Manche sagten ehrlich, dass sie keine Ahnung hätten, was das sei, und waren dann erstaunt über meine Erklärung, denn dabei fiel ihnen auf, dass sie das Thema an sich schon seit ihrer eigenen Kindheit kannten, aber keine Worte dafür gehabt hatten.

Wiederaufstehen in schwierigen Lagen, den inneren Schweinehund zu überwinden, das Gefühl: »Und trotzdem schaffe ich es, mache ich es, sage ich es« oder die Überzeugung: »Ich lasse mich nicht unterkriegen« haben wir alle schon erlebt, in der Kindheit und auch in unserem Alltag heute.

Ein Freund, der Maschinenbauer ist, sagte mir, dass er den Begriff »Resilienz« natürlich kenne, da es aus seinem Fachbereich stamme. Es ist der technische Begriff für Material, das man verbiegt und das sich dann aus eigener Kraft wieder in die Ausgangsform bringt oder zurückverwandelt. Ich war begeistert von diesem Bild, das sich so gut auf den menschlichen Bereich übertragen lässt.

Laut der Homepage des Resilienzzentrums in Osnabrück versteht man unter Resilienz die Fähigkeit, »sich mithilfe bestimmter Bewältigungsstrategien aus schwierigen Situationen zu befreien und daraus Stärkung für die Zukunft zu ziehen. (…) Die Kraft, mit der es Menschen gelingt, Schicksalsschläge, Verluste und Widrigkeiten zu überwinden und sich auf Veränderungen einzustellen, heißt Resilienz. Resilienz ist die innere Stärke, mit der Menschen Krisen und schwierige Lebenssituationen so meistern, dass sie sogar gestärkt daraus hervorgehen. Darüber hinaus ist Resilienz eine Reservefähigkeit: Sie hilft, uns auf künftige Schwierigkeiten vorzubereiten, und aktiviert unser Potenzial für Veränderung und persönliche Entwicklung.«

Einer der ersten Forscher auf dem Gebiet der Resilienz, Norman Garmezy, hatte unter Resilienz noch so etwas wie Unverwundbarkeit verstanden. Ausgangspunkt seiner Untersuchung war, dass er wissen wollte, wie stark sich Risikofaktoren auf die Entwicklung von Kindern und Jugendlichen auswirkten, die in den Slums einer Großstadt groß werden. Dabei stieß er immer wieder auf scheinbar »unverwundbare« Kinder: Sie wuchsen zu »ganz normalen« Bürgern heran, obwohl sie extrem arm, ihre Eltern psychisch krank oder alkoholabhängig oder ihnen gegenüber gewalttätig waren. Die betroffenen Kinder sahen ihre Probleme als Herausforderung. Sie konnten das Negative in ihrer Umgebung teilweise ausblenden und positive Gegengewichte finden, indem sie die Unterstützung wenigstens eines bewunderten oder geliebten Menschen suchten und fanden. Für Garmezy und bald auch andere Forscher ergab sich daraus die generelle Frage: Wie schaffen es manche Menschen, auch unter widrigsten Umständen ihre geistige und psychische Gesundheit und Integrität zu bewahren, sich weiterzuentwickeln und sogar ein halbwegs glückliches Leben zu führen?

Inzwischen ist aus der Forschung heraus aber klar geworden: Resiliente sind nicht »unverwundbar«. Sie können sehr wohl verletzt werden, aber eben nicht besiegt.

Als mich vor zwei Jahren auf der Buchmesse in Frankfurt ein Verleger fragte, »Sagt Ihnen das Wort Resilienz etwas?«, wusste ich, wovon er spricht, denn ich hatte die Forschungen zu diesem Thema in Bezug auf die Kindererziehung verfolgt. Oft hatte ich dabei an meine eigenen Kinder gedacht, die ich sicher mit meiner unruhigen Lebensart manchmal überfordert hatte.

Die Autorinnen Monika Murphy-Witt und Petra Stamer-Brand verlangen ganz praktisch: »Kinder müssen lernen, Stille zu ertragen: leere, dunkle Bildschirme – und Ruhe genießen. Sie müssen lernen, sich auch mal auszuklinken, ohne ständig Angst zu haben, etwas zu verpassen. Weniger ist mehr – dieses Motto müssen sie verinnerlichen. Und sie müssen es schaffen, ihr Leben zumindest zeitweise zu entschleunigen. Nur wer sich seinen eigenen Rhythmus nicht durch Schnelligkeit von Computerspielen und Internet diktieren lässt, kann letztendlich die Geschwindigkeit seines Lebens selbst bestimmen. Nur so können unsere Kinder ihre ureigene Balance zwischen Be- und Entlastung finden, ihren ganz persönlichen Maßstab für ihr Wohlbefinden. Und den werden sie dringend brauchen. Denn nur wenn es unsere Kinder schaffen, engagierte Aktivisten, Entspannungsmeister und Lebenskünstler zu sein, werden sie in der Welt von morgen überleben – gesund, zufrieden und glücklich.«

Meine eigene Erfahrung aus meiner Kinderzeit – damals wurde ich als »Schlüsselkind« bezeichnet, vielleicht kennen Sie den Ausdruck noch – hat mir gezeigt: Viele Dinge wollte und musste ich alleine lösen. »Not macht erfinderisch«: Ich hatte intuitiv handeln, eine Lösung finden müssen, um zu überleben. Meine Zeit im Internat hat dann vieles in eine Ordnung gefügt. Damals hat man mir Grundlagen vermittelt, die auch heute noch als Werte für eine resiliente Haltung gelten: Zuverlässigkeit, Eigenverantwortlichkeit, Ehrlichkeit, die Fähigkeit, Fehler einzugestehen, Pünktlichkeit, Achtung vor dem Gegenüber, Kreativität usw.

Froma Walsh, eine bekannte amerikanische Familientherapeutin und eine der Ersten, die sich mit dem Thema Resilienz beschäftigt haben, definiert diesen Begriff so: »Resilient sein heißt nicht, dass man unverwundbar ist oder unversehrt in einen früheren Zustand zurückkehrt. Es heißt vielmehr, dass man gegen ungünstige Bedingungen erfolgreich angeht, sich durch sie hindurchkämpft, aus den Widrigkeiten lernt und darüber hinaus versucht, diese Erfahrungen in das Gewebe seines Lebens als Individuum und in der Gemeinschaft zu integrieren.«

Die Kraft der Resilienz ist meiner eigenen Erfahrung und Ansicht nach ein Selbstbefähigungsmittel, eine Strategie, die man erlernen kann oder bereits im Elternhaus, in der Kindheit erworben hat.

Sich diesen Fähigkeiten bewusst zu werden, gelingt zu unserem eigenen großen Erstaunen oftmals erst in persönlichen Krisen und Turbulenzen. Hat man sie überstanden, wundert man sich oft über die Kraft, die in einem geschlummert hat. Hat man aber einmal diese Kraft in sich wahrgenommen, dann ermutigt sie zu neuen Schritten. Sie verstärkt unseren Optimismus und lässt uns mit Gelassenheit in die Zukunft schauen.

Zu jedem Leben gehören Krisen, und Resilienz bedeutet nun nicht, Verluste und Enttäuschungen einfach mit »Zuckerguss« zu übergießen und sie dann zu vergessen. Resilienz bedeutet vielmehr, diese Verluste anzuerkennen, anzunehmen und daraus zu lernen, letztlich daran zu wachsen.

Eigentlich ist diese Kraft eine Energie, die in jedem Menschen steckt. Sie kann uns helfen, nach jedem noch so heftigen Fall wieder aufzustehen. Die einzige Voraussetzung dafür ist: Man muss wieder aufstehen wollen.

Dass Sie aufstehen können, das haben Sie sicher in vielen Lebenssituationen erlebt. Erinnern Sie sich an die Ereignisse, die Ihnen fast den Boden unter den Füßen weggezogen haben und bei denen Sie dennoch irgendwann merkten, dass der Boden trägt, dass Sie wieder fest stehen können. Was war der Grund dafür? Ihre Eigeninitiative, ihr Selbstvertrauen und der Mut, nun eben einen neuen, anderen Weg zu gehen, hatten sicher einen großen Anteil daran.

Im Folgenden werden Sie viele Erfahrungsberichte anderer Menschen lesen. Sie sind mir auf meinem Weg begegnet und haben mir ihre Geschichte erzählt. Vielleicht erinnern sie Sie auch an Situationen, die Sie selbst erlebt, durchlebt haben. Dann schauen Sie einmal zurück und lassen Sie vor Ihrem inneren Auge Revue passieren, was Sie in Ihrem Leben schon alles geschafft haben. Manchmal muss man sich das einmal vergegenwärtigen, um sich selbst mit gutem Grund ein bisschen anerkennend auf die Schulter klopfen zu können. Probieren Sie es aus, ich bin sicher, Sie werden spüren, wie gut das tut!

Was ist der »Sieben-Jahres-Rhythmus«?

Die Sieben ist eine besondere Zahl. Das wird schon in Formulierungen wie »die sieben Todsünden«, »das verflixte siebte Jahr« oder »die sieben Weltwunder« deutlich. In vielen Kulturen galt sie als magische Zahl, die man daher auch immer wieder in Zaubersprüchen findet. Darüber fand sie Eingang in Sprichwörtern und feststehende Wendungen und somit in den Alltagssprachgebrauch. So packt man beispielsweise seine »sieben Sachen« oder steht ratlos vor etwas, das einem ein »Buch mit sieben Siegeln« zu sein scheint. Auch in vielen Märchen, Sprichwörtern, Bauernweisheiten und Redewendungen findet sich bis heute die magische Sieben auffällig oft: die berühmten Siebenmeilenstiefel, die sieben Raben und die sieben Zwerge hinter den sieben Bergen. Das tapfere Schneiderlein erledigt sieben auf einen Streich, und bei Wilhelm Busch hecken Max und Moritz sieben Streiche aus, ehe sie in die Mühle fallen und gebacken werden. Sindbad der Seefahrer musste auf sieben Reisen Abenteuer bestehen. »Wenn es am Siebenschläfer (27. Juni) regnet, sind sieben Wochen mit Regen gesegnet«, sagt eine Bauernregel. Als »siebengescheit« werden Besserwisser bezeichnet.

Seit jeher war die Sieben eine faszinierende Zahl für die Menschen, gerade auch, weil sie schon früh den Rhythmus ihres Lebens bestimmte: Die Sieben-Tage-Woche hat ihren Ursprung im alten Babylon. Schon in dieser Zeit ordnete man die sieben damals bekannten Planeten jeweils einem Wochentag zu, was auch heute noch in vielen Sprachen an den Namen der Wochentage ablesbar ist: Die Sonne in Sonntag, der Mond in Montag, der Mars im Mardi (französisch für Dienstag), der Merkur in Mercredi (französisch für Mittwoch), der Jupiter in Giovedi (italienisch für Donnerstag), die Venus in Vendredi (französisch für Freitag) und der Saturn in Saturday (englisch für Samstag).

Wir sind als Menschen ein Teil des Kosmos, der bestimmten Rhythmen folgt: den Jahreszeiten, Ebbe und Flut, dem Wechsel von Tag und Nacht. Diese Rhythmen haben Auswirkung auf uns, die die einen stärker, die anderen schwächer spüren. Aber auch das menschliche Leben an sich hat Rhythmen, denen wir unterlegen sind. Unser Leben ist keine gerade Linie. Es ähnelt eher einer Treppe mit großen, flachen Stufen.

Etwa alle sieben Jahre vollziehen sich in der Persönlichkeit jedes Menschen größere Veränderungen. Die »Lebensfarbe« ändert sich, andere Problem- oder Erfahrungskreise kommen in den Blick.

Die Erkenntnis, dass der Periode von sieben Jahren eine besondere Bedeutung zukommt, gehörte schon im

Altertum zum Wissen der Menschheit. In der Gegenwart ist es insbesondere der Münchner Astrologe Wolfgang Döbereiner gewesen, der sich dieses Wissens in seiner sogenannten Münchner Rhythmenlehre in Form von Septar-Horoskopen bedient hat.

Schon Hippokrates teilte das Leben des Menschen in Sieben-Jahres-Abschnitte. Heute ist diese Zeitstruktur auch wissenschaftlich anerkannt. Es geht aber nicht darum, eine »Rangfolge« aufzustellen mit dieser Einteilung, denn jeder Zyklus hat Vor- und Nachteile und ist ein eigenständiger Bestandteil der persönlichen Reife, der nicht ersetzbar ist durch einen anderen.

Der Siebener-Rhythmus zeigt Ihnen den Hauptstrom Ihres eigenen Lebensflusses. Mit welchem Tempo diese Phasen durchlaufen werden, ist individuell verschieden. Dabei ist die Angabe von sieben Jahren auch nur ein Näherungswert. So kann eine 40-Jährige schon im Reich der »Nebelwesen« sein, wie die Phase bezeichnet wird, die vom Lebensalter her eigentlich zwischen dem 77. und dem 84. Geburtstag liegt; ein 70-Jähriger kann aber auch noch in der »Zeit der Krisen« stecken, die eigentlich zwischen dem 35. und dem 42. Lebensjahr ansteht.

Was macht es nun glaubhaft, dass es diesen Siebener-Rhythmus gibt? Was hat es für Vorteile, mit ihm zu leben? Mit diesem Buch wage ich eine Synthese für ein neues Lebensmodell, das eigene Lebenserfahrungen, einen Sieben-Jahres-Lebensrhythmus und eine selbstbewusste, kreative und positive Lebenshaltung miteinander verbindet.

Das Sieben-Jahres-Schema kann helfen, das eigene Leben noch einmal mit anderen Augen zu sehen, weil man versteht, dass Leben Wandel bedeutet und Dinge, die einem vor zehn Jahren lebenswichtig erschienen, heute für uns keine Bedeutung mehr haben. Ich glaube auch, dass es dabei helfen kann, Menschen anderen Alters besser zu verstehen. Wenn man selbst beispielsweise auf seine heranwachsenden Kinder schaut oder auf die eigenen alten Eltern – plötzlich versteht man, dass für sie gerade andere Dinge in ihrem Leben anstehen als in unserem eigenen. Dadurch wird es vielleicht möglich, die resilienten Fähigkeiten unserer Kinder oder auch Enkelkinder bereits in der Kindheit zu fördern, weil wir verstehen können, wie wichtig das für ihre Entwicklung ist. Sicher macht jeder Fehler im Leben, aber vor manchen unserer eigenen können wir die jüngere Generation so vielleicht bewahren.

In diesem Buch erfahren Sie nun mehr über den Sieben-Jahres-Rhythmus. Sie können herausfinden, in welcher Lebensphase Sie sich gerade befinden und von welcher Thematik diese Phase geprägt ist.

Mein eigener Weg

Ich wurde im Oktober 1944, also am Ende des Zweiten Weltkriegs, in Bad Wiessee geboren. Meinen Vater habe ich bewusst nie gesehen, denn er starb drei Monate nach meiner Geburt an der Front. Bei meiner Geburt war er dabei, das wollte er unbedingt so, aber daran habe ich natürlich keine Erinnerung mehr. So sind wir uns nur dieses eine Mal begegnet. Bald werde ich sein Grab besuchen. Der Kriegsgräberverband konnte mir seinen Ruheort in Lettland mitteilen und ich spüre, dass dieses »Besuchsritual« wichtig für mich ist und zu meinem Leben gehört. Einmal dort sein, seinen Namen lesen, Blumen und eine Kerze aufstellen – und dann einen Abschluss finden. Ich kannte ihn also nicht wirklich – und doch gibt mir die Erinnerung an ihn Kraft. In den Erzählungen meiner Mutter wurde er für mich lebendig.

Trotz der schwierigen Umstände, unter denen meine Mutter mich aufzog, war ich ein willkommenes Kind. Die ersten Jahre verbrachte ich in einer Großfamilie: Neben meiner Mutter und meiner Oma lebten einige Verwandte und zeitweise recht viele Flüchtlinge mit uns in einer großen Wohnung im Zentrum von München.

Meine Mutter war eine sehr tatkräftige Frau. Ich denke, dass ich viel von ihrer Energie geerbt habe. Sie hatte mehrere Jobs gleichzeitig, um ihre Familie in den schwierigen Zeiten nach dem Krieg zu ernähren: Sie baute das Residenztheater in München im kaufmännisch-künstlerischen Bereich mit wieder auf und hatte zudem noch einen Schrotthandel in dieser Zeit. So machte ich meine Schulaufgaben mal mit Schauspielern, mal zwischen Schrott und Papier und mal im Kreis meiner Familie.

Als Kind war ich eher kränklich, was mich nicht weiter störte, ich selbst fühlte mich nämlich unternehmungslustig und kräftig und auch geborgen. So hätte es immer weitergehen können, wenn es nach mir gegangen wäre. Doch meine Mutter heiratete bald wieder: einen Kunstmaler, der zudem Techniker der Kammerspiele war. Aus vielerlei Gründen – wobei es vor allem darum ging, dass ich die Möglichkeit bekam, eine gute Schule zu besuchen – wurde also beschlossen, dass ich in ein Internat gehen sollte. Der Abschied von meiner Oma und den anderen Verwandten fiel mir schwer. Rückblickend würde ich dies als die erste Krise in meinem Leben bezeichnen, denn ich wollte ja nicht weg von zu Hause, aus der vertrauten Umgebung.

Dank meiner – ich nenne es einmal »Anpassungsfähigkeit« gelang es mir, mich schnell mit der Veränderung zu arrangieren, und so hatte ich eine wunderbare Zeit im Internat.

Ich heiratete sehr früh, schon mit neunzehn Jahren. Mein erstes Kind bekam ich erst fünfzehn Jahre später. Und bis dahin hatte ich eine wirklich turbulente Zeit mit vielen Höhen und Tiefen.

Was mich nie verließ, war meine Fähigkeit, an jedem Schicksalsschlag – und davon gab es einige – auch eine gute Seite zu entdecken. Diese Sicht der Dinge trat immer häufiger in den Vordergrund und stärkte mich. So wuchs ich Stück für Stück meiner heutigen Lebensaufgabe entgegen – ahnungslos, muss ich gestehen. Wozu etwas gut ist, weiß man immer erst im Nachhinein, oder wie der französische Politiker und Schriftsteller Maurice Barrès es formulierte: »Das Unglück ist ebenso wie der Ruhm imstande, Energien zu wecken.«

Gemalt habe ich nebenbei schon immer, und eigentlich glaubte ich sogar, in der Malerei meine Berufung gefunden zu haben. Ich hatte zunehmend Erfolg mit meinen Bildern, ohne dass ich gezielt darauf hinarbeitete. Die Malerei war für mich eine Möglichkeit, mich auszudrücken, ein wunderbarer Ausgleich zu allen anderen Aufgaben. Die Kraft der Farben und Linien stärkt mich nach wie vor. Mein Stiefvater war es, der mich schon sehr früh auf das Malen brachte. Von ihm bekam ich meine ersten Ölfarben. Zunächst habe ich viele Jahre auf Seide gemalt, bis ich dies als zu begrenzt empfand und auf Leinwand umstieg. Große, sehr bunte und abstrakte Bilder waren das, ich nannte es »Gefühlsmalerei«, und etwas davon ist auch heute noch in meinen Werken zu entdecken. Damals entstand auch der Zyklus »Sieben-Jahreswachstum im Leben«, der bis heute eine begehrte Wanderausstellung ist.

Mein Sohn war neun Monate alt, als meine Mutter an einem Gehirntumor erkrankte, der sich schnell als inoperabel herausstellte. Ich pflegte sie bis zu ihrem Tod – sie wurde nur 60 Jahre alt. Wenige Jahre später erkrankte meine Schwiegermutter an Krebs, und auch sie habe ich bis zum Ende gepflegt. Mit ihrer Krankheit und ihrem bevorstehenden Lebensende haben meine Familie und ich uns damals sehr bewusst auseinandergesetzt. Als sie starb, war mein Sohn fünf Jahre, meine Tochter zweieinhalb Jahre alt.

Bei einer meiner Vernissagen fragte mich dann einer der Gäste, ein Landrat, ob ich mir vorstellen könnte, einen Hospizkreis zu gründen. »Ich weiß nicht, ob ich das kann«, sagte ich damals. Tief in mir spürte ich, dass diese Frage für mich wie eine Fügung, wie die »Einfahrt in einen Hafen« war. Ich war angekommen, auch wenn ich noch keine Ahnung hatte, wie denn dieser Hafen aussehen würde.

In der folgenden Zeit besuchte ich Vorträge, las wie eine Besessene Bücher über die Hospizarbeit, machte Fortbildungen, traf neue Menschen ... und es wurde immer deutlicher, dass der Abschied, das Lebensende das Thema meines Lebens ist. Das hat sich grundsätzlich bis heute nicht geändert, aber nun steht für mich ein anderer Aspekt dabei im Vordergrund: den zurückbleibenden Angehörigen beizustehen und ihnen dabei zu helfen, Kraft für eine neue Lebensaufgabe zu finden.

Als ich mein Lebensthema entdecke, war ich 50 Jahre alt, hatte in ungefähr zehn Berufen gearbeitet – als Innenarchitektin, Fußbodenverlegerin, Aufnahmeleiterin, Synchronsprecherin, kaufmännische Angestellte, um nur einige zu nennen – und zwei Kinder großgezogen. Zudem hatte ich meinem Mann, der mehrere Firmen leitete, immer den Rücken gestärkt und ihn engagiert unterstützt. Nun wollte ich mein eigenes neues Leben leben, dem Abschied, der Trauer, dem Tod und der Kraft, die dem »Und trotzdem« innewohnt, eine neue Zukunft geben.

Woher ich die Sicherheit hatte, kann ich nicht sagen, doch es erschien mir, als wäre mein ganzes Leben eine Vorbereitung auf meine Tätigkeit als Malerin und Trauerbegleiterin gewesen. Ich war angekommen. Die Zeit war reif, um etwas weiterzugeben von dem, was ich an Erfahrungen in meinem Leben gesammelt hatte. Dieses Wissen wollte ich nun den Menschen zur Verfügung stellen, die es am dringendsten brauchten: den Trauernden. Unter Trauernden verstand ich aber nicht nur solche, die einen geliebten Menschen verloren hatten. Trauern kann man um vieles, beispielsweise auch um den Verlust von Ansehen und Besitz, wenn man für sein eigenes Unternehmen Insolvenz anmelden muss. Das ist, ähnlich wie der Verlust eines Menschen, eine sehr einschneidende Erfahrung. Auch das habe ich in meinem Leben nicht nur einmal erfahren dürfen beziehungsweise müssen.

Doch damals wollte ich bei denen beginnen, die um einen anderen Menschen trauern. Deshalb wandte ich mich an mehrere Bestattungsunternehmen in München und Umgebung. Ich stellte mein Konzept vor, mit dem ich vor allem den Hospizgedanken einbringen wollte in die bisherige Arbeit der Bestatter. Die Hospizarbeit betrifft ja nicht nur die kranken und sterbenden Menschen, sondern gerade auch die Angehörigen, dass sie Unterstützung und Entlastung erfahren. Sie sind es, die mit dem Verlust weiterleben müssen, und bedürfen daher besonderer Aufmerksamkeit. Ich wollte also trauernden Menschen beistehen und dachte, dass ein Bestattungsunternehmen der richtige Ort dafür sei. Damals griff nur ein einziger Bestatter meine Idee auf. Ich war vielleicht etwas zu früh dran mit meiner Idee, denn mittlerweile sind Trauerbegleitungsangebote in Bestattungsunternehmen nichts Ungewöhnliches mehr.

Was jedoch in der Trauerbegleitung zählt, ist nicht unbedingt die Ausbildung, sondern dass man selbst in diesem Bereich Lebenserfahrungen gesammelt hat und anderen Menschen weiterhelfen kann.

Wenn ich nun aber im Folgenden von Bewältigungsstrategien der Trauer spreche, meine ich ausdrücklich nicht nur diejenigen, die um einen anderen Menschen trauern. Es kann auch ein Lebensabschnitt sein, der zu Ende gegangen ist, oder die Trauer um den Verlust bestimmter Fähigkeiten, wenn man krank ist oder älter wird.

Trauer ist eine natürliche und gesunde Reaktion auf jeden Verlust und zugleich eine Chance, wieder aufzustehen und neue Wege zu gehen. Ich bin überzeugt, dass wir vieles in uns tragen, was uns auf diesen Wegen Kraft spenden kann. Wir wissen nicht, woher diese Kraft kommt, aber wir können auf sie vertrauen: Sie ist da, tief in uns. Wir müssen sie nur entdecken.

Das erste Jahrsiebt
von null bis sieben

Ordnung und Ausbildung des Leibes

Die Biografielehre nach Rudolf Steiner nennt dieses erste Jahrsiebt »Ordnung und Ausbildung des Leibes«. Es steht unter dem Zeichen des Elements Erde.

Und wie sieht es mit der Zeit vor dem Jahr Null aus? Wissenschaftliche Untersuchungen haben ergeben, dass die psychische Entwicklung des Menschen, sein individuelles Empfinden, Wollen, Denken und Handeln bereits mit der Empfängnis (wissenschaftlich: Konzeption!) beginnt. Jedenfalls fixiert dieses Ereignis die Erbanlagen und legt somit Möglichkeiten der künftigen Entwicklung ungefähr fest.

Vater und Mutter bestimmen aber nicht nur die biologischen, sondern auch die sozialen Bedingungen, mit und unter denen ein neuer Mensch heranwächst. Und auch das soziale Umfeld ist bereits vom Zeitpunkt der Empfängnis an entwicklungsfördernd oder aber entwicklungshemmend für das Leben des Kindes. Die Einbeziehung der vorgeburtlichen Periode in den Verlauf der psychischen Entwicklung des Kindes ist deshalb so bedeutungsvoll, weil schon in dieser Zeit vielfältige Prozesse des Wachsens und Reifens, aber auch des Lernens stattfinden, die die Voraussetzungen dafür schaffen, wie ein Kind sich später in seiner Umwelt zurechtfinden und aufwachsen wird.

Forscher vermuten, dass Kinder schon im Mutterleib so etwas wie Resilienz entwickeln. Wenn beispielsweise das Leben des Kindes in der Schwangerschaft gefährdet ist und eine Mutter darum kämpft, das Kind nicht zu verlieren, so kann es sein, dass ihr Kind das spürt und selbst seine Überlebenskräfte mobilisiert. Was das Kind im Bauch der Mutter gelernt hat, nämlich das Überleben, überträgt es dann als »Muster« in das Leben nach der Geburt. So lässt sich feststellen, dass sogenannte Frühchen oft sehr starke Kinder sind, die in ihrer körperlichen und geistigen Entwicklung schnell aufholen und dann im späteren Leben regelrechte Kämpfernaturen werden.

Wie gesagt: Man nennt diese Zeit die Zeit der »Ordnung und Ausbildung des Leibes«. Für mich ist es eine Kernzeit, die ganz entscheidend ist für unser späteres Leben.

Können Sie sich noch an Ihre früheste Kindheit erinnern? An die Zeit als Baby oder Kindergartenkind? Die Zeit, als Sie zum ersten Mal die Schulklasse betraten und voll Erwartung die Schultüte umklammerten? Man schaut voller Erwartung in eine Welt, von der man nicht nur glaubt, dass sie gut ist, sondern die sogar einfach gut zu sein hat. Man spürt noch nicht wirklich, dass auch die

Vererbung und die Lebensgeschichte der Eltern und Großeltern für das eigene Leben eine Rolle spielen.

Diese Zeit ist geprägt von einem Bedürfnis nach Sicherheit und Geborgenheit, wobei man beides als gegeben und selbstverständlich hinnimmt. Man stellt die Welt, in der man lebt, nicht infrage und möchte sich frei entwickeln dürfen. Wenn all das tatsächlich vorhanden ist, steht einem vertrauensvollen Start in ein Leben, das man positiv, zuversichtlich und mutig angeht, nichts im Weg.

Was ist aber, wenn man in eine Familie hineingeboren wird, in der man als Kind keine wirklich guten Voraussetzungen hat, um das Leben zu meistern? Aus ganz persönlichen Gründen denke ich dabei oft an die Kinder, die in Kriegszeiten geboren werden. Als ich selbst im Oktober 1944 auf die Welt kam, war der Zweite Weltkrieg beinahe zu Ende, aber eben nur beinahe. Ich – und mit mir eine ganze Generation – wurde in eine Welt hineingeboren, die in Schutt und Asche lag, in der Hunger und Elend herrschten. Im Bauch unserer Mütter hatten wir den Kriegsalltag hautnah miterlebt, der vor allem von Angst geprägt war, von Flucht und Armut.

Der Mensch tut im Leben alles, um Selbstwertgefühl zu gewinnen, zu erhalten, zu stärken und zu sichern. In einer in Auflösung begriffenen Welt, wie sie sich uns nach dem Krieg zeigte, war das fast unmöglich. Nach der Herrschaft der Nazis war im wahrsten Sinn des Wortes kein Stein mehr auf dem anderen geblieben – auch was den Staat und vor allem die Werte anging, mit denen unsere Eltern noch groß geworden waren. Das heißt: Wir mussten uns unsere eigenen Wege suchen und vielleicht auch unsere eigenen Werte. Ist meine Generation daher vielleicht schon mit einer gewissen Resilienz auf die Welt gekommen?

Die Ursachen, warum ein Mensch resilient ist oder nicht, liegen tatsächlich oft in der frühesten Kindheit. Andererseits ist nicht nur die pränatale Phase für einen Menschen prägend, und es ist auch nicht gesagt, dass durch eine harte, entbehrungsreiche Kindheit nicht doch oder gerade dann die Fähigkeit zu Resilienz ausgebildet wird. Trotz widriger Umstände wachsen – das ist durchaus möglich! Und nicht gerade selten. Oft liegt es an einer generellen Einstellung zum Leben. Wenn man so will: Entscheidend ist die Antwort auf die berühmte Frage, ob ein Glas halb voll oder halb leer ist.

Rudolf Steiner hat den einzelnen Jahrsiebten besondere »Zeiten« zugeordnet. Die ersten drei Jahrsiebte sind für ihn »Zeiten des Nehmens«, weil wir alles, was uns begegnet – unsere Umgebung, unsere Eltern, Geschwister, Mitmenschen, Töne, Gerüche, Gegenstände – quasi »einsaugen«. Das bedeutet aber auch, dass wir sowohl gute wie auch schlechte Eindrücke bereits nachhaltig in unserem Unterbewusstsein abspeichern. Hinzu kommen die Erlebnisse, die sich in der pränatalen Zeit bereits in unserem Unterbewusstsein manifestiert haben. Aber nicht nur Geist und Seele bilden sich in diesem ersten Jahrsiebt, sondern ganz wesentlich und viel leichter sichtbar auch unser Leib.

Was ist das doch für eine wunderbare Zeit, in der die Kinder noch so »unverbraucht«, so offen sind. Als Eltern dürfen wir ihnen bewusst etwas mitgeben, sie führen, ihnen Vorbild sein. Es ist eine verantwortungsvolle, aber auch wunderschöne und tiefe Aufgabe, aus diesem kleinen Menschen eine Persönlichkeit zu machen, die selbst bereit ist, Verantwortung zu übernehmen.

Allerdings ist vielen Eltern nicht klar, dass es mit der Zeugung und der Geburt eben nicht getan ist und auch Eltern in dieser Zeit lernen, weil man nicht durch das Elterngeld automatisch zu guten Eltern wird, sondern dadurch, dass man lernt, Vorbild zu sein für die Kinder. Für viele ist das schon deshalb so schwierig, weil ihre Eltern das für sie selbst nicht waren und sie sich deshalb erst in ihre neue Rolle einfinden müssten. Kinder schauen aber automatisch zu ihren Eltern auf. Gerade im ersten Jahrsiebt ist das meiste, was Kinder lernen, von den Eltern und von anderen engen Bezugspersonen abgeguckt. Es geht aber nicht nur um Imitation dabei, sondern auch, dass Kinder in dieser Zeit das, was ihnen ihre Eltern vormachen, als gut, als Maßstab ihres eigenen Handelns ansehen. Das gilt nicht nur für Dinge, die sie im Alltag tun – ein Kind ist zum Beispiel überzeugt, dass man Schuhe nur so zubinden kann (und darf), wie es ihm die Mutter oder der Vater gezeigt hat –, sondern auch für ihre Werte und Grenzen. Das hat seinen Grund letztlich in einem menschlichen Grundbedürfnis: Ein Kind will, wie jeder andere Mensch auch, geliebt werden und tut deshalb in diesem Alter alles für die Eltern.

Die Autorität der Eltern wächst durch die Achtung vor ihnen. Achtung kann man aber nicht »verordnen« und auch nicht mit Gewalt oder Disziplin herstellen. Achtung entsteht, wenn sich die Kinder ernstgenommen fühlen. Und das nicht nur, wenn man beispielsweise ihre Wünsche in die gemeinsame Freizeitgestaltung mit einbezieht, sondern auch durch Auseinandersetzungen, wenn sie zu einer Lösung führen, die für alle akzeptabel ist. Wichtig ist, dass die Kinder das liebevolle Vertrauen spüren, das sie umfängt – auch wenn sie einmal anderer Meinung sind.

Es ist eine Zeit des Nehmens – nutzen Sie sie, damit Ihre Kinder sich wertvolle Erfahrungsschätze von Ihnen abschauen können, und unterstützen Sie sie dabei auf breiter Basis.

Zum Thema Vererbung gibt es sicher in vielen Familien Gesprächsbedarf. Sobald Kinder anfangen, sich darüber Gedanken zu machen, wer sie selbst sind, fragen sie auch nach anderen: Was habe ich von den Großeltern oder von Mutter oder Vater geerbt? Dazu gehören neben körperlichen Merkmalen oft auch die Dinge, die man besonders gut oder eben gar nicht kann. Dann spricht man von Talent oder Neigung. Neigung ist für mich die etwas abgeschwächte Form von Talent. Man spürt sie oft schon früh in sich selbst. Es ist das, was mir Spaß und Freude macht, was für mich keine Pflichtübung, kein Muss ist. »Ich sollte doch mal wieder an meiner Neigung arbeiten«, ist ein Satz, der nicht funktioniert.

Oft sind diese Neigungen schon sehr früh bei Kindern zu erkennen, wenn man sie unterstützt und fördert. Manchmal sind sie sogar der Schlüssel zum späteren Beruf. In der Kindheit haben sie noch keine feste »Substanz«, aber durch Üben kann man sie zu einem echten Talent entwickeln.

Nun macht üben nicht wirklich immer Spaß. Große Talente, ob Musiker oder Künstler, bestätigen, dass man auch oft zum Üben gezwungen werden muss, um wirklich gut zu werden und mit sich zufrieden zu sein. In einem Artikel im *Focus* las ich über den weltbekannten Pianisten Lang Lang, dass er von seinem Vater gezwungen wurde zu üben. Er sagt darüber: »60 Prozent der Übungszeit waren großartig, zehn Prozent o.k., 30 Prozent furchtbar.«

Resilienz kann auch hier helfen und ein wichtiger Faktor sein: Wenn man als Eltern Kinder so unterstützt, dass sie an ihr Talent glauben, kann Resilienz helfen, die Zeiten zu überstehen, in denen das Üben schwerfällt und man am liebsten alles hinwerfen würde.

Die grundsätzliche Frage an Eltern muss aber sein: Was müssen wir tun, damit unsere Kinder glücklich werden und sich zu beziehungsfähigen Erwachsenen entwickeln, die an ihre Talente glauben und ihnen nachgehen? Dazu möchte ich Ihnen einige Fallbeispiele erzählen, die mir im Hinblick auf das erste Jahrsiebt unserer Entwicklung besonders exemplarisch erscheinen:

Karin

Karin war fünf Jahre jung, als sie von der Polizei in einem Kinderheim untergebracht wurde. Ihre Eltern waren drogenabhängig und standen bereits einige Jahre wegen Verwahrlosungsgefahr für ihre Kinder unter staatlicher Beobachtung. Als Karin nun in diesem Kinderheim ankam, war ihr zwei Jahre jüngerer Bruder bereits seit einigen Wochen dort. Nun war sie einfach nur glücklich, ihn endlich wiederzusehen. Karin war in der Familie zu einer Ersatzmutter für ihren Bruder geworden. Sie war seit seiner Geburt seine erste Bezugsperson, trug ihn auf dem Arm, fütterte ihn und wechselte die Windeln. Schon früh musste sie also die Rolle einer Erwachsenen übernehmen und so blieb ihre eigene Kindheit mehr oder weniger auf der Strecke. Ich traf Karin bei der Beerdigung ihrer Mutter. Ihr Vater war bereits an Leberzirrhose gestorben, als sie sechzehn Jahre alt war. Ihre Mutter war ebenfalls Alkoholikerin gewesen.

Karin hat eine sehr schwere Kindheit gehabt und ist heute sehr enttäuscht über die Schwäche ihrer Mutter. Sie hat es nie geschafft, sich aus der Beziehung mit ihrem Vater herauszuziehen. Karin hat in den Zeiten, in denen ihre Mutter »trocken« war, viele Gespräche mit ihr geführt. Stets hatte sie die Hoffnung, dass sich ihre Mutter nun endlich von ihrem Mann trennen würde. Sie hatte sich sogar mit ihrer Mutter ein neues Leben in bunten Farben ausgemalt, aber jedes Mal wurde sie wieder rückfällig und kehrte zu ihrem Mann zurück. Wie so oft kam zur Alkoholabhängigkeit ihres Vaters dazu, dass er gewalttätig wurde, wenn er getrunken hatte. Darunter litten nicht nur die Kinder, sondern auch Karins Mutter.

Karin erzählte mir, dass sie und ihr Bruder die Zeit, die sie in verschiedenen Heimen verbrachten, als Erholung empfanden. Beide entwickelten in ihrer Jugendzeit eine Stärke, die sie nicht bewusst lernten, sondern sich aneigneten, um sich selbst zu helfen. Beide haben eine Ausbildung gemacht, den Abschluss geschafft und eine Anstellung gefunden.

Entscheidend war dabei vielleicht, dass sich beide Kinder dachten: Das passiert mir nicht! Mein Leben wird anders als das meiner Eltern! So haben sie es geschafft, sich aus dem sozialen Umfeld ihrer Eltern herauszulösen. Auch für sie waren die Eltern ein Vorbild – allerdings im negativen Sinn.

Meine Tochter Nina

Unser erstes Kind, Alexander, kam nur eine Woche zu früh auf die Welt. Meine Tochter Nina jedoch wollte bereits im vierten Monat meiner Schwangerschaft das Licht der Welt erblicken. Unglücklicherweise während unseres Italienurlaubes. Mir war die Fruchtblase gerissen, und so war ich nicht mehr transportfähig, lag also wie eine Schildkröte auf dem Rücken in meinem Krankenhausbett und sollte dort auch für die nächsten Monate bleiben. Meinen Blick auf den schönen Gardasee gerichtet, hatte ich den Kopf voller Gedanken, was nun werden sollte. Als ich mit unserem Sohn schwanger war, hatte ich so viel unternommen, damit es ihm schon vor der

Geburt so gut wie möglich ginge, dass er alles bekäme, was er brauchte, damit ich ihn schon im Bauch fördern konnte.

Und nun konnte ich für meine Tochter gar nichts tun – außer ihr ein paar gute Gedanken zu schicken, die uns beide beruhigen sollten, damit wir alles gut überstanden. Im zweiten Bett in meinem Zimmer lag alle paar Tage eine neue Patientin, und weil ich gerne mit ihnen redete, wurde mein Italienisch von Tag zu Tag besser, sodass ich sogar dem Arzt im Krankenhaus beim Übersetzen helfen konnte, wenn das nötig wurde.

Als der sechste Schwangerschaftsmonat halb vorbei war, hielt es unsere Tochter gar nicht mehr in meinem Bauch aus und kam mit 1300 Gramm Gewicht zur Welt. Dann musste sie in den Brutkasten, anschließend in ein Wärmebett. Nach weiteren zwei Monaten durften wir sie endlich mit nach München nehmen.

Warum ich Ihnen das erzähle? Wie ich schon sagte: Ich wollte für mein Kind in meinem Bauch alles richtig machen und es mit allen Mitteln, die es vor der Geburt dazu schon gibt, fördern.

Ich hatte viel darüber gelesen und wollte am liebsten alles davon umsetzen: Konzertbesuche, malen, lesen, schwimmen, gute Gespräche, wandern, Ruhe – all das sollte mein Kind miterleben, weil es ihm den Start ins Leben erleichtern und schon früh seine Talente fördern würde. Nichts davon konnte ich Nina dann bieten, und das machte mich traurig. Alexander hatte das alles bekommen – was sollte nun aus diesem Kind werden? Ich hatte Angst davor, dass sie mit Defiziten auf die Welt kommen würde, nun also statt von Anfang an gefördert von Anfang an benachteiligt sein würde.

Was ist aus ihr geworden? Ein aufgewecktes, hübsches Mädchen, das alles aufgeholt hat und immer noch sehr neugierig ist. Sie hört gerne Musik, auch wenn sie selbst leider keine macht, sie schwimmt und liest gerne und ist eine erfolgreiche Marketing-Frau.

Ich denke, all das hat sie ohne mich hinbekommen, ohne mein besonderes Bemühen – die Gene sind es wahrscheinlich, die stärker sind.

Meine eigene Geschichte

Als ich etwa sieben Jahre alt war, haben meine Mutter und mein Stiefvater sich entschlossen, mich in ein internatartiges Kinderheim zu geben. Ich kann mich noch gut an die Fahrten erinnern, die wir unternommen haben, um verschiedene Heime zu besichtigen. Ich saß auf dem Rücksitz im Auto, während auf den vorderen Sitzen heiß über die verschiedenen Einrichtungen diskutiert wurde. Meine Mutter wollte ein freies, kreatives Haus für mich finden, mein Stiefvater – selbst in einem Waisenhaus aufgewachsen – wiederholte immer wieder, dass ja auch ich Halbwaise wäre und in ein ganz normales Waisenhaus gehörte. Bis heute kann ich meinen Groll auf ihn nicht verbergen. Inzwischen ist er jedoch verstorben. Meiner Mutter bin ich ewig dankbar, dass sie sich in dieser Debatte durchgesetzt hat. Sie fand ein Kinderheim für mich, das mit einer Schule verbunden war, die auch externe Schüler aufnahm. Schlederloh, zwischen Icking und Wolfratshausen gelegen, tauschte ich nun gegen die geliebte Wohnung bei meinen Großeltern ein. Zunächst fiel es mir sehr schwer, das zu akzeptieren, und ich hatte schreckliches Heimweh.

Schlederloh und das Haus Lupin – das Stammhaus der Barone von Lupin, die zu meiner Zeit in das Nebenhaus abwanderten, damit wir Kinder im großen Haus Platz fanden – entwickelte sich dann aber doch immer mehr zu meinem Zuhause. Wir waren etwa zwanzig Kinder allen Alters und damit so etwas wie eine sehr lebendige Großfamilie. Unsere Hausleiterin, »Tante« Ruth, kam aus Flensburg. Sie brachte uns bei, ausschließlich Hochdeutsch zu sprechen.

Es waren ganz unterschiedliche Kinder, die dort zusammenlebten, und das kam der Entwicklung unserer je eigenen Fähigkeiten sehr zugute: Was der eine nicht konnte, sah er beim anderen und probierte es einfach aus. Wir waren immer in Bewegung und erlebten unsere Welt mit allen Sinnen. Es gab auch kaum etwas, was uns verboten wurde, und so konnten wir unsere Talente und Fantasien ausleben. Meine Zeugnisse waren nicht besonders gut, dafür zeigte sich, dass ich für die musischen, kreativen Fächer eine gewisse Begabung hatte.

Natürlich war es etwas anderes, in einem Heim mit so vielen »Geschwistern« aufzuwachsen als das einzige Kind unter lauter Erwachsenen zu sein. Wir mussten lernen, uns gegen die anderen Kinder durchzusetzen, aber auch gegen die Erwachsenen. Manchmal waren wir dabei wohl überrascht, dass uns das so oft gelang, tatsächlich etwas ändern zu können. Das stärkte unser Selbstbewusstsein und auch unseren Mut, uns gegen Ungerechtigkeit zu wehren und uns aufzulehnen, selbst wenn unser Gegenüber zunächst viel stärker und einflussreicher schien als wir. Das formte uns zu echten Persönlichkeiten, und davon gab es im Heim so viele, wie es Kinder gab. Im Nachhinein kann ich sagen, dass ich in dieser Zeit wirklich gute Erfahrungen gemacht habe, die mir in meinem turbulenten Leben oft weitergeholfen haben und die ich zweifelsohne im behüteten Haushalt meiner Großeltern nicht gemacht hätte.

»Eigenliebe ist der Beginn
einer lebenslangen Romanze.«
Oscar Wilde

Das zweite Jahrsiebt
von sieben bis vierzehn

Ordnung und Ausbildung des Gewohnheitslebens

Die Biografielehre nennt dieses zweite Jahrsiebt »Ordnung und Ausbildung des Gewohnheitslebens«. Es steht unter dem Zeichen des Elements Wasser.

Eine wunderbare und wichtige Zeit für die heranwachsenden Kinder! Das Nehmen steht immer noch im Vordergrund. Die Kinder beginnen, die eigenen Temperamente und auch die ihrer Bezugspersonen zu ergründen. Sie probieren sich aus, und das mit allen Sinnen. Daher bekommt auch der Vergleich mit anderen einen recht hohen Stellenwert. Die Lebensenergie, die Menschen in diesem Alter haben, scheint oft unerschöpflich und fast nicht zu bändigen.

Es ist eine unstete Phase, weil sie von ganz unterschiedlichen Entwicklungen und Bedürfnissen geprägt ist: dem Erwachen der Gefühle zum anderen Geschlecht, dem Austesten von Grenzen, dem Erwachsen- und Kindseinwollen. Es ist nachzuvollziehen, dass dieser Zeitraum dem Element des sich stets erneuernden Wassers zugeordnet ist.

Für Eltern heißt es in dieser Zeit, den Weitblick zu bewahren, einen guten Weg zwischen Loslassen und Halten zu finden, Stärken, Talente, Fähigkeiten zu fördern und bei Rückschlägen Zuversicht und Hoffnung zu geben.

Auch zu diesem Abschnitt im Folgenden ein paar Beispiele von Menschen, die mir begegnet sind.

Christian und seine Bande

Die Bande ist für Christian derzeit das Wichtigste im Leben. Sie bildete sich im Kindergarten unter den »Gleichgesinnten«. Die Aufnahme in diese Bande musste man sich erst verdienen, zum Beispiel, indem man einen Bach umleitete, einen Staudamm oder ein gemütliches Baumhaus baute. Alle Mitglieder der Bande trugen das gleiche T-Shirt, auf dem eine der Mütter die Insignien der Bande genäht hatte.

Nun sind alle schon zwei Jahre in der Schule und immer noch eine eingeschworene Bande. Die Aktivitäten haben sich verändert, sie sind sportlicher geworden. Außerdem gehören jetzt auch Mädchen dazu. Bandenmitglied zu sein ist eine Ehre und trennt die »Spreu vom Weizen«. Gemeinsam sind sie stark, so stark, dass die Nichtmitglieder ihnen gegenüber Respekt zeigen müssen.

Was Christian nun sehr hilft, ist seine vertrauensvolle Beziehung zu den Eltern und Geschwistern. Es war immer klar: Wenn etwas schiefgeht oder er eine Lösung für ein Problem sucht, konnte er zu Hause fragen. Dann überlegte man gemeinsam, wie es weitergehen könnte oder wie man aus einer verfahrenen Situation wieder herauskommt. Das erfährt Christian jetzt auch in der Bande: Ein gemeinsames Projekt stärkt und es wird klar, dass nicht jeder alles können muss, sondern dass man sich in einer Gemeinschaft in den Talenten ergänzt. Und noch etwas hat er zu Hause gelernt: miteinander zu reden. Das lässt ihn spüren: Es gibt immer eine Lösung, egal für welches Problem.

Diese Geschichte erinnert mich immer an einen Satz des Familienforschers Prof. Dr. Wassilios Emmanuel Fthenakis, Professor für Bildungswissenschaften in Bozen. In einem Aufsatz schreibt er: »Von Bildung und Erziehung wird es wesentlich abhängen, ob die heranwachsenden Generationen den Ansprüchen und Herausforderungen und Belastungen gewachsen sein werden, mit denen sie in der Welt von morgen konfrontiert sind. Dies gilt für Kinder und Jugendliche, auch für das System Familie in gleicher Weise.«

Michael

Michael ging in eine Schule im ländlichen Gebiet. Als er elf Jahre alt war, gab es an seiner Schule zum ersten Mal Probleme mit Drogen. Schulleiter und Elternbeirat waren erschüttert, damit hatten sie nicht gerechnet. Es war schwierig, Gespräche zu führen, ohne Verdächtigungen auszusprechen. Der Schulleiter und der Elternbeirat saßen oft zusammen und suchten nach einer Lösung. Die Pausenaufsicht wurde verstärkt, den Kindern ein Brief für die Eltern mit nach Hause gegeben, worin man auf diese Situation aufmerksam machte und um Beobachtung und Mithilfe bat.

Michael und seine etwas älteren Geschwister sprachen mit ihren Eltern über dieses Problem auch zu Hause, dennoch wusste keiner wirklich einen Rat, wie man dem entgegentreten konnte. Es wurde im Familienrat beschlossen, in Zukunft weder von einem Fremden noch von einem Freund etwas anzunehmen – kein Bonbon, keine Zigarette, kein Kaugummi und auch kein Getränk. Das Misstrauen war groß, und Michael war es manchmal peinlich, die Geschenke seiner Mitschüler abzulehnen.

Als die großen Ferien immer näher rückten, durfte jeder seinen Urlaubswunsch auf einen Zettel schreiben. Darauf sollte aber nicht nur der Ort oder das Land vermerkt sein, sondern auch der Grund, warum man dorthin wollte. Michael wollte auf ein Schiff in die Richtung Nordkap. Auch den Eltern und den Geschwistern gefiel dieser Vorschlag. Vielleicht fanden sie ja Platz auf einem norwegischen Postschiff, auf dem sie selbst mithelfen konnten und auch keine Abendkleidung brauchten für das Dinner. Tatsächlich fanden die Eltern ein solches Angebot und buchten den Urlaub.

Die Drogengeschichte an der Schule ging ihnen aber nicht aus dem Kopf, und so planten sie bei der Hinreise in Hamburg einen kleinen Aufenthalt ein. Von in Hamburg lebenden Freunden hatten sie erfahren, dass die

Drogenszene dort am Bahnhof zu finden war. Als die Familie in Hamburg aus dem Zug stieg, führten die Eltern die Kinder wie zufällig an diesen Ort. Mit gebührendem Abstand zu den Drogenabhängigen, die halb betäubt auf der Treppe herumlungerten, blieben sie stehen.

Der Anblick der kranken, verwahrlosten Körper und der Schmutz um sie herum war grauenhaft. Nicht nur die Kinder, auch die Eltern waren schockiert, auch wenn ihre Blicke immer wieder zu der Szene schweiften.

Erst nach einigen Tagen, als sie längst auf dem Schiff unterwegs waren, begannen die Kinder, über dieses Erlebnis zu sprechen. Für sie war es eine harte »Kur«, aber es hat sie dauerhaft vor Drogen abgeschreckt. Gerade in einem Alter, in dem Kinder beziehungsweise Jugendliche sehr leicht beeinflussbar sind, kann ein solches abschreckendes Beispiel manchmal mehr bringen als viele vernünftige Gespräche.

Aber auch Eltern werden nicht als Eltern geboren. Sie sind auch nur Menschen, mit all ihren Stärken und Schwächen. Sie sind selbst in einem Elternhaus groß geworden, mit dem sie entweder heute noch liebevoll verbunden sind oder in dem sie diktatorisch, herzlos oder grob erzogen worden sind und von dem sie daher größtmöglichen Abstand halten. »Vater werden ist nicht schwer – Vater sein dagegen sehr«, das kennen Sie. Ich denke, dass die Erziehung eine der schwierigsten Aufgaben im Leben als Eltern ist.

Nachdem ich unseren Sohn liebevoll und, wie ich denke, gut erzogen hatte, dachte ich bei der Geburt unserer Tochter, dass nun alles sehr einfach werden würde, ich müsste ja bloß das Gleiche wieder tun. Ich wurde aber durch unsere Tochter belehrt, dass jeder anders ist, dass jeder noch so kleine Mensch eine ganz eigene Persönlichkeit und daher auch seine ganz eigene Erziehung braucht.

Als Richtlinie war für mich stets klar, meine Kinder so erziehen zu wollen, dass ich und andere Menschen gut und gerne mit ihnen zusammenleben wollen. Heiter, offen, vielseitig interessiert, liebevoll, empathisch, hilfsbereit, fleißig und manchmal auch bewusst faul, das war mir wichtig.

Da die Anforderungen an die Eltern in Bezug auf die Erziehung ihrer Kinder immer höher werden, gibt es nun auch Förderungen für Eltern, damit sie sich und ihre Kinder nicht überfordern. Müssen alle Kinder Abitur haben? Ist denn mein Kind minderwertig, wenn es nicht studiert hat? Nein, sage ich mit aller Überzeugung! Der Wert eines Menschen hängt nicht von seinem Schulabschluss ab. Viel wichtiger ist, dass ein Mensch sich entfalten kann, dass er die Möglichkeit hat, das zu leben, was er am besten kann, was ihn glücklich macht. Ob das nun eine Professur, die Arbeit als Dachdecker oder im Reisebüro ist, spielt dabei überhaupt keine Rolle. Als Eltern sollten Sie Ihren Kindern nur vermitteln, dass Sie sie akzeptieren und unterstützen, was immer sie auch werden wollen.

Das dritte Jahrsiebt
von vierzehn bis einundzwanzig

Ordnung und Ausbildung des Seelenlebens

In der Biografielehre heißt dieses dritte Jahrsiebt »Ordnung und Ausbildung des Seelenlebens« und steht unter dem Zeichen des Elements Luft.

»Mit 14 Jahr und sieben Wochen ist der Backfisch ausgekrochen« – kennen Sie dieses alte Sprichwort? Was für ein Alter, diese Adoleszenz! Es ändert sich plötzlich so viel, dass man der eigenen Entwicklung manchmal selbst nicht nachkommt. Man beginnt, die Welt wirklich wahrzunehmen. Die eigene Persönlichkeit festigt sich, und bei vielen wird jetzt schon die Lebensweise erkennbar, die sie als Erwachsene anstreben. Zudem gehen viele zum ersten Mal wirklich auf Partnersuche.

Als Kleinkind ist das Ich-Empfinden noch sehr wenig entwickelt. Mit zunehmendem Alter entsteht ein wirkliches Bewusstsein für das eigene Selbst, aber bis zum zweiten Jahrsiebt geht es dabei vor allem darum,

Orientierung zu finden, indem sich Kinder nach den Eltern und anderen engen Bezugspersonen richten. In diesem dritten Jahrsiebt geht es nun jedoch vor allem um die Abgrenzung, um die Entwicklung eigener Ansichten, Lebensweisen und Werte. Ein klarer Anspruch auf Unabhängigkeit und Freiheit wird deutlich. Viele Eltern wissen davon ein Lied zu singen …

Meine Oma Erna sagte zu mir in dieser Zeit oft: »Sag Ja – und mach, was du willst.« Das hat nicht unbedingt dazu beigetragen, dass ich ein »braves Mädchen« wurde, aber dieser Satz hat mich sozusagen als Schlüsselsatz begleitet, um mir meine eigene Freiheit zu bewahren und eigene Entscheidungen zu treffen.

Wenn Kinder im ersten und zweiten Jahrsiebt in ihrer Familie keine Liebe gespürt, kein Vertrauen erfahren und keinen Halt, keine Ordnung gefunden haben, so suchen sie es nun im dritten Jahrsiebt oft bei Menschen, die nicht mehr zur Familie gehören. An erster Stelle stehen dabei wohl die eigenen Freunde beziehungsweise die »Peer-Group«, die Clique, zu der man gehört. Sie übernimmt in dieser Zeit nicht selten die Funktion des »Ordnungsgebers«: Sie stellt Regeln auf, nach denen sich die, die dazugehören wollen, zu verhalten und anzuziehen haben, welche Musik »man« hört, mit wem man sonst noch befreundet sein »darf«, was gut ist und was schlecht.

Das dritte Jahrsiebt umfasst die schwierige Phase der Pubertät. Das »Werden-Wollen« steht im Vordergrund und ist doch so schwierig umzusetzen. Menschen in dieser Lebensphase versuchen sich zu finden. Das ge schieht einerseits in der Abgrenzung von den Eltern, den »normalen« Menschen. Andererseits sucht man sich neue Vorbilder, neue »Maße«, denen man nacheifern, denen man gerecht werden möchte. Man möchte anders sein, aber doch angenommen werden, dazugehören und anerkannt werden.

So wissen Jugendliche, die bereits resiliente Erfahrungen gemacht haben, dass die Extreme, die sie im Augenblick leben, ein Experiment für sie sind, das sie nicht aus der Gemeinschaft schleudert, sondern sie irgendwann mit neuen, wichtigen Erfahrungen auch wieder auf ihren Weg zurückbringt.

In dieser Zeit ist man sehr leicht beeinflussbar. Man sucht sich eine »neue Heimat«. Manchmal führt das dazu, dass Kinder in die Hände von radikalen Organisationen geraten, seien dies nun Sekten oder politisch Rechte oder Linke. Für sie werden dann die Mitglieder dieser Organisationen zu ihrer neuen Familie. Sie vertrauen ihnen nicht nur blind, sie möchten auch unbedingt dazugehören, weil sie hier vermeintlich die Liebe und Anerkennung finden, die ihnen in ihrer »richtigen« Familie fehlt. Hierzu ein Beispiel:

Monica

Monica war eine Mitschülerin meiner Tochter. Als sie vierzehn war, zog sie alle Register, die möglich und unmöglich waren. Die Haare trug sie in dieser Zeit mal rot, mal grün gefärbt, mal waren sie ratzekurz und zu einer fantasievollen Teilglatze geschoren. Sie hatte Piercings, wohin man schauen und nicht schauen konnte, ihre Jeans waren möglichst weit und rutschten ihr fast von den Hüften. Monica verschönerte ihre Kleidung – immer nur in Schwarz – mit silbernen Ketten. Wenn sie mit ihren Freunden unterwegs war, konnte man sie kaum von ihnen unterscheiden, denn alle waren so wie sie und damit einheitlich gekleidet. Prägend für ihre Clique war vor allem die Haltung, auf alles »Null Bock« zu haben.

Nun stellt sich in diesem Alter aber auch die Frage nach der weiteren Ausbildung und damit letztlich auch schon die Frage nach dem Beruf. Manche Kinder wissen bereits im zweiten Jahrsiebt, was sie einmal werden wollen. Oft werden sie darin nicht ernst genommen.

Bei Monica und ihrer Clique war das aber kein Thema. Wichtig war vor allem, dass einem alles egal war, dass man nichts von dem wollte, was die Erwachsenen von einem erwarteten. Ihre Eltern und die Eltern der anderen Cliquenmitglieder waren ratlos, ebenso die Lehrer.

Nachdem sie alle die Hauptschule abgeschlossen hatten, änderte sich das zum Glück. Die Clique fiel auseinander, einige schafften den Übergang zum Gymnasium oder in die Realschule. Und plötzlich endete damit auch die Haltung, nichts für die Zukunft zu wollen. Als die Clique sich auflöste, war es plötzlich möglich, auch wieder eine andere, eine eigene Meinung dazu zu haben, wie es weitergehen sollte, was »cool« ist, was nicht.

Monica ging zur Realschule und entschloss sich danach, Schneiderin zu werden. Sie hatte zwischenzeitlich ihr Aussehen verändert, auch wenn sie weiterhin ausschließlich Schwarz trug. Nach ihrer Schneiderlehre wurde sie Kostümbildnerin. Im Rückblick auf ihre »Null-Bock-Phase« sagt Monika heute, dass sie damals einfach nur geliebt werden wollte, dass sie Anerkennung brauchte.

In dieser Zeit geht es aber nicht nur um Anerkennung und Liebe, sondern auch um Unabhängigkeit (zum Beispiel durch den Führerschein) und eigene Träume, die man Realität werden lassen möchte. Auch dazu ein Beispiel:

Christine

Christine, eine meiner Schulfreundinnen, lernte ihren späteren Mann bei meinem vierzehnten Geburtstag kennen: Eine ältere Freundin fragte mich, ob sie zu meiner Feier – meinem ersten eigenen Fest im Haus – ihren Freund mitbringen dürfe. Ein Freund ihres damaligen Freundes wurde dann Christines Mann.

Sie hatten in dieser Zeit keine sexuelle Beziehung, dafür war Christine noch viel zu sehr mit ihrem eigenen Werden beschäftigt, aber sie wollten beide eine feste Beziehung. Christine war neunzehn und ihr Mann dreiundzwanzig Jahre alt, als sie heirateten. Sie war nicht schwanger, »musste« also damals nicht heiraten. Heute würde man denken, dass eine so früh geschlossene Ehe zum Scheitern verurteilt ist. Christine sah und sieht das anders. Sie spürte, dass dieses frühe Zusammenwachsen sehr wichtig war. Ihre Beziehung war und ist von Ehrlichkeit bestimmt, die auch beiden den Raum gibt, dass sich jeder für sich, aber auch beide gemeinsam weiterentwickeln können.

Was ihrem Bund Stärke gab, war sicher, dass sie beide Einzelkinder waren und ihre Eltern in den Nachkriegsjahren wenig Zeit für sie hatten. Daher haben sie Halt aneinander gefunden. Beide sind so wahre »Stehaufweibchen« und »Stehaufmännchen« geworden.

Die Beispielgeschichte zeigt, dass dieses oft schwierige Jahrsiebt nicht immer nur von Extremen gekennzeichnet ist, sondern auch beinahe »reibungslos« verlaufen kann. Eine Partnerschaft, die in diesem Alter beginnt und andauert, zeigt, dass manche in der Entwicklung schon sehr viel weiter sind. Das Schema der Jahrsiebte beschreibt eigentlich auch nur für die jeweiligen Abschnitte typische Verhaltensweisen, aber diese sind nicht immer unbedingt mit einem bestimmten Lebensalter verbunden.

»Das Juwel des Himmels ist die Sonne,
das Juwel des Hauses ist das Kind.«
Aus China

Das vierte Jahrsiebt von einundzwanzig bis achtundzwanzig

Ordnung und Ausbildung der Erfahrung

Die Biografielehre nennt das vierte Jahrsiebt »Ordnung und Ausbildung der Erfahrung«. Es steht unter dem Zeichen des Elements Feuer.

»Nicht Fisch, nicht Fleisch«, so sagt der Volksmund – fertiger Mensch und doch noch nicht fertig. Noch immer ist es eine Zeit, in der man mehr nimmt als gibt. Menschen dieses Alters möchten Ordnung in ihr Leben bringen, es ist bestimmt durch Erfahrungen, die sie in ihrem Freundeskreis und beruflichen Umfeld machen. Langsam beginnt man zu begreifen, dass man nicht nur in ein Leben hineingestellt ist, sondern es auch selbst formen kann. Man überlegt sich: Wie will ich leben? Was finde ich für mich in Ordnung? Welcher Partner, welche Partnerin passt zu mir?

In dieser Zeit wird die eigene Karriere wichtig, wie auch immer die dann aussieht. Man beginnt, sich über die Zukunft Gedanken zu machen: Wo möchte ich in zehn Jahren sein? Will ich Kinder? Und wenn ja: wann? Was möchte ich beruflich einmal erreichen? Was muss ich dafür jetzt für Weichen stellen?

Viele spüren in dieser Zeit, wie lebendig sie sind: Grundsätzlich stehen alle Möglichkeiten offen, sie sind körperlich ausgewachsen und leistungsfähig. Die meisten suchen sich in dieser Zeit zum ersten Mal eine eigene Wohnung – ob im Nachbar- oder am Studienort – und leben damit ihr wirklich eigenes Leben. Es ist nicht umsonst eine Periode, die unter dem Zeichen des Feuers steht – manchmal fühlt man es regelrecht in sich brennen.

In dieser Zeit ist auch die »Peer-Group« nicht mehr unbedingt das Maß aller Dinge, man beginnt, auf eigenen Beinen zu stehen und sich daher auch eigene Vorbilder zu suchen. Doch wo findet man die?

In dieser Situation kann es hilfreich sein, auf die sogenannte innere Stimme zu hören. Sie ist so etwas wie eine Mischung aus Erfahrungen, Vernunft und Bauchgefühl und sagt uns oft sehr genau, was uns zufrieden macht, was sich »richtig« anfühlt für uns.

Die Lebensläufe einiger bekannter Persönlichkeiten zeigen, dass man manchmal »Umwege« gehen muss, um diese innere Zufriedenheit zu finden. Karlheinz Böhm zum Beispiel war zunächst gefragter Schauspieler, ehe er seiner inneren Stimme gefolgt ist. Heute lebt er in Afrika und gibt Menschen eine Zukunftsperspektive, indem er ihnen hilft, sich selbst zu helfen. Andere wissen schon früh um das, was sie erfüllt, aber es braucht eine ganze Zeit, bis sie ihren Traum in die Realität umsetzen können. Ein Beispiel hierzu ist Elisabeth Kübler-Ross, die sich sehr früh in der Sterbebegleitung und der Hospizbewegung engagierte und am Anfang gegen große Widerstände zu kämpfen hatte. Beide, Böhm und Kübler-Ross, folgten ihrer Intuition und fühlten sich dann bei ihrer Tätigkeit am richtigen Platz.

Oft ergibt sich daraus auch zum ersten Mal bewusst die Frage: »Wer bin ich eigentlich?« Und gleich im Anschluss: »Ich will so vieles – aber bin ich das eigentlich? Brauche ich das wirklich?«

In dieser Zeit spüren wir viele Talente in uns und es fällt uns schwer, nur eines davon zu leben. Wir möchten singen, malen, Abenteuer erleben, Bücher schreiben, tanzen, reisen, in verschiedenen Berufen arbeiten ...

Wenn ich einmal von mir ausgehe, spüre ich einige »Ichs« in mir, die ich unterschiedlich intensiv und auch zu verschiedenen Zeiten lebe: Mein Helden-Ich, das oft negativ »Helfer-Syndrom« genannt wird, mein Kontakt-Ich, das neugierig auf Menschen ist, mein stilles Ich, das gerne schweigt und alleine wandert. Mein Intuitions-Ich, das Dinge und Menschen sofort mag oder ablehnt. Mein optimistisches Bauchhirn und mein Vernunft-Ich, die sich gelegentlich in die Haare geraten und miteinander streiten. Mein kreatives Ich, das zwischen bestätigter und neuer Kunst Lösungen sucht, mein Familien-Ich, das ich liebe, und mein Marketing-Ich, das ich gerne hätte, das mir aber völlig fehlt. Mein Musik-Ich, das meist mit geschlossenen Augen lauscht und sich ärgert, kein Instrument gelernt zu haben. Nicht zu vergessen meine vergangenen Ichs, die ich meinte, unbedingt leben zu müssen und heute belächele ...

Unsere Ichs bleiben nicht immer die gleichen – sie ändern sich mit den Jahren, so wie sich unsere Bedürfnisse und unsere Lebensumstände ändern. Ein in dieser Hinsicht sehr empfehlenswertes Buch ist das von Richard David Precht: »Wer bin ich, und wenn ja, wie viele?«

Auch für diese Lebensphase hier noch einmal einige Beispiele aus der Praxis:

Wolfgang

Wolfgang ist mit 23 Jahren schon beinahe aus dem Elternhaus geflohen. Er war nicht mehr bereit gewesen, die Rituale mitzuvollziehen, die das Leben seiner Eltern bestimmen. Seit vielen Jahren schon kam es immer wieder zum Streit zwischen ihnen. Nach seinem Auszug fällt es ihm nun wesentlich leichter, seine Familie mit ihren Eigenheiten anzuerkennen. Für sich selbst hat er aber entschieden: Sein Lebensstil soll ein anderer sein. Nun hofft er, dass seine Familie auch sein Leben anerkennt. Dabei setzt er auf seine Mutter, die die Mittlerrolle übernommen hat. Zunächst zog er in eine Wohngemeinschaft, und schon bald war ihm klar: Das war so etwas wie eine neue Familie, in der es ähnlich eingespielte Rituale gab wie zu Hause. Eigentlich wurde er damit wieder zu einem

Familienmitglied, das sich an Regeln zu halten hat, die nicht seine Lebensregeln waren.

Wolfgang studiert Informatik und hat bis jetzt auch mit guten Noten abgeschnitten. Er weiß, dass dieser Beruf Zukunft hat, aber auch, dass die Konkurrenz nicht schläft. Deshalb hat er beschlossen, sich ein zweites Standbein zu schaffen, das sich zwar mit seinem Studium vereinbaren lässt, aber auch Perspektiven in eine andere Branche eröffnet. Finanziell ist seine Lage nicht so »rosig« und schon deshalb ist ein zweiter Job unabdingbar. Bereits am Anfang des Studiums hatte er begonnen, in einem Hotel abends als Pianist zu arbeiten. Dieser Job wurde für ihn immer wichtiger, zumal man ihm in Aussicht stellte, dort demnächst ein kleines eigenes Appartement beziehen zu können. In diesem Hotel, eines der besten der Stadt, wurde er zu einer beliebten und bekannten Persönlichkeit des Hauses.

Da er nur abends arbeitet, kann er ohne Einschränkungen auch weiter studieren. Zudem kann er die Annehmlichkeiten, die dieses renommierte Hotel bietet, nutzen. Er hat hier viele Menschen kennengelernt und einige gute Begegnungen gehabt, die für sein privates und auch sein berufliches Leben von Bedeutung waren. Im Haus fragt man ihn immer wieder um Rat und bittet ihn um Hilfe, wenn es um Computer und Technik geht. Auch deshalb ist er dort gern gesehen.

Diese Phase, in der er überlegt, was von diesen beiden beruflichen Möglichkeiten wohl sein Weg sein könnte, ist wichtig, um selbstständig zu werden. Grundlegend, um diese Entscheidung überhaupt treffen zu können, war das Klavierspielen von Kind an. Das war ihm nicht immer leicht gefallen, oft war es fast eine Tortur zu üben, wenn er dazu keine Lust hatte. Aber je besser er wurde, desto mehr Spaß machte es ihm. Ganz besonders dann, wenn er sich mit Freunden traf und er sich einfach so ans Klavier setzen konnte, um gemeinsam zu singen und zu feiern. Vor Kurzem rief Wolfgang mich an – er hat eine Stelle in einem großen Studio bekommen.

Die Erzählung von Wolfgang hat mich begeistert, weil er sein Leben mit so viel Freude und Mut in die Hand genommen hat.

Manuela

Manuela habe ich gesehen und schon an ihrer Ausstrahlung festgestellt: Sie muss eine Optimistin sein! Obwohl wir uns nicht kannten, lächelte sie mich offen an, als sie am Tisch nebenan Platz nahm. Wir kamen gleich ins Gespräch, und es dauerte nicht lang, bis sie sich mit an meinen Tisch setzte. Ich hatte recht: Sie konnte gar nicht anders. Sie machte sich keine Gedanken über die Krisen und dunklen Zeiten ihres Lebens, sondern dachte dabei eher an die Veränderungen, die diese Situation für sie mit sich bringen würden.

Ich schätze sie auf etwa dreiundzwanzig. Obwohl ich, als ich so alt war, bereits einige Jahre verheiratet war und ebenfalls schon auf eigenen Beinen stand, bewunderte ich diese junge Dame. Offensichtlich hatte sie auch mein Interesse bemerkt und freute sich über meine Anerkennung. Die hatte sie sofort. Es gibt Menschen, die haben diese wunderbare Eigenschaft der Empathie mit ins Leben bekommen.

Alles, was wir tun, tun wir mit Menschen, für Menschen, wegen eines Menschen und für uns selbst als Menschen. Alleine ist das schönste Leben nicht schön. Glück kommt deshalb mit anderen Menschen, und das bestätigte mir die Geschichte von Manuela wieder einmal.

>>Man ist in dem Maße zur Freiheit reif,
als man zur Selbstkritik fähig ist.<<

Martin Kessel

Das fünfte Jahrsiebt von achtundzwanzig bis fünfunddreißig

Ordnung und Ausbildung des Verstehens

Die Biografielehre nennt dieses Jahrsiebt »Ordnung und Ausbildung des Verstehens«. Auch dieses Jahrsiebt steht unter dem Zeichen des Elements Feuer.

In diesem Jahrsiebt zeigt sich ein Umschwung: Nach vielen Jahren des »Nehmens« kommt nun auch das »Geben« in den Blick. Zudem sucht man eine erste Klärung, wenn man so will, wirft einen ersten Rückblick auf das bisherige Leben. Viele erkennen nun ihren eigenen Lebensweg. Es ist ein Alter, in dem das Planen, das Erkennen, aber auch die Kritik wichtig werden. Eine gewisse Gelassenheit wird spürbar: Manche Dinge, die einen noch vor Jahren schrecklich aufgeregt oder aus der Fassung gebracht haben, nimmt man jetzt mit einem Achselzucken hin. Man beginnt sich zu fragen, was nun wirklich vernünftig ist.

Viele gründen in dieser Zeit eine Familie, und mit den Kindern kehrt die Frage nach der eigenen Religiosität zurück: Glaube ich noch? Und wenn ja: an was oder wen? Möchte ich das an meine Kinder weitergeben? Viele Menschen werden daher in dieser Zeit zu spirituell Suchenden.

Ohne Organisation geht es in diesem Alter nicht, denn alles will gut durchdacht sein und sollte für die Zukunft auf Dauer lebbar bleiben. Das gilt dann auch für die Lebensziele, die man selbst, aber auch als Paar hat. Wenn jeder Partner sein Lebensziel vor Augen hat, auf seiner »Lebensspur« ist, dann ist das Zusammenleben relativ einfach und meistens harmonisch. Wichtig scheint mir dabei zu sein, dass man offen über die eigenen Vorstellungen und Ziele spricht, damit man sich einerseits nicht gegenseitig einengt, sich andererseits aber auch ergänzen und fördern kann. Wenn man dabei feststellt, dass die jeweiligen Lebensträume gar keine Überschneidungen haben oder aber völlig identisch sind, wird es schwierig, diese Partnerschaft zu leben. Eine Schnittmenge ist in beiderlei Hinsicht von großer Bedeutung: um als Partner miteinander, aber auch nach einer möglichen Trennung allein leben zu können.

»Wer es schafft, in sich hineinzuhören und diese Intuition in sich selbst zu fördern, hat die besten Chancen, bei seiner Arbeit stets zufrieden zu sein«, so der Mentaltrainer Hanspeter Liechti. Dieser Satz könnte als Motto über dem fünften Jahrsiebt stehen, denn in dieser Zeit entdeckt man oft Fähigkeiten an sich selbst, die man weder in der Ausbildung noch im Studium gelernt hat. Vielleicht kann man es als »erste Weisheit« bezeichnen:

Man spürt, was einem selbst guttut, was man braucht, um glücklich zu werden, und was man selbst will. Viel wichtiger ist aber vielleicht sogar, dass man nun weiß, was man nicht will. Das alles sind wichtige Erkenntnisse für ein zufriedenes Leben.

Das habe ich ähnlich erfahren: Nachdem ich in einigen Berufen gearbeitet hatte, spürte ich, dass die Begleitung meiner Mutter und Schwiegermutter in deren letzten Lebensphasen mich neben meiner künstlerischen Arbeit auf einen neuen Weg bringen würde. Diese Erfahrungen waren die Grundlage, von der aus ich auf die Idee kam, Hospize zu gründen und trauernde Menschen zu begleiten. Diese Tätigkeit erfüllte mich und trägt mich bis heute.

Ich war etwa 33 Jahre alt, als ich endlich meine Großmutter väterlicherseits aus Klotzsche bei Dresden nach München einladen und sie persönlich kennenlernen durfte, nachdem wir uns viele Jahre lang Briefe geschrieben hatten. Sie war damals schon fast 90 Jahre alt und durfte deshalb aus der DDR zu uns reisen. Damals überlegte ich mir, endlich selbst Kinder zu bekommen, und meine Großmutter wollte das noch miterleben, wollte ihre Nachfahren noch kennenlernen.

Zwischen ihr und mir hatte sich eine hochinteressante Brieffreundschaft entwickelt, aus der ich viel lernen durfte. Ich liebte ihre Art zu denken! Viele ihrer Weisheiten habe ich in mein Denken integriert. Schon damals stellte ich gerade durch ihre Briefe fest, dass es sehr einfache Hilfen gibt, die einen stärken. So schrieb meine Oma in einem Brief:

»Liebe Gabriele,

das, was du über andere Menschen sagst, sagt mehr über dich selbst als über die anderen aus. Da, wo du stehst in deiner geistigen Entwicklung, wie du denkst, fühlst und empfindest – das ist entscheidend, wie du etwas wahrnimmst, wie du es beurteilst, wie du denkst.

An sich gibt es nichts Gutes, Böses oder Schlechtes – wir sind es, die den Dingen respektive Situationen die Bedeutung geben.

Was du für primitiv, interessant, lehr- oder leerreich, konstruktiv, wichtig oder unwichtig empfindest, ist allein deine Entscheidung – gemäß deiner geistigen Entwicklung. All dies ist so subjektiv wie das Wort – dem allein du die Bedeutung gibst. Was ist, ist.

Wenn du die Dinge begreifst, wie sie sind, sind sie, so wie sie sind.

Wenn du die Dinge nicht begreifst, wie sie sind, sind sie nicht so, so wie sie sind.

Du gibst also den Dingen die Bedeutung.

Deine Leser geben den Schriften die Bedeutung, die für sie bzw. ihre Situation passen. Klingen die Worte zu abstrakt, sprechen sie eine andere Sprache (Niveau/Erlebniswelt). Scheint es ihre Sprache zu sein, also ›passend‹, verstehen sie das, was in ihre Erlebniswelt passt.

Der Mensch tut im Leben alles, um sein Selbstwertgefühl zu gewinnen, zu erhalten, zu stärken und zu sichern. Was also entscheidend für sein Handeln ist, ist die Lust oder Unlust. Also nimmt er/sie in der Regel nur das an oder auf, was in sein/ihr Konzept passt.«

Dieser Brief hat mich beeindruckt und gestärkt. Er hat mir in diesem Alter die Augen geöffnet für die Sicht auf die Dinge und auch auf mein eigenes Leben.

In diesem Jahrsiebt kann man schon auf einige Lebenserfahrung zurückschauen. Oft stellen Menschen in diesem Alter das nun ihrem »inneren Richter« vor: Lebe ich das Leben, das ich mir immer für mich vorgestellt habe? Will ich so weiterleben? Wie sieht meine Lebensbilanz bisher aus? Was möchte ich verändern? Habe ich mich verändert oder sind es meine Freunde, Bekannten und Partner, die sich verändert haben? Wer oder was hat mich früher mehr angesprochen als heute? Was ist aus meiner ersten Liebe geworden, kann ich heute noch verstehen, wie ich damals gefühlt habe oder schüttle ich über mich selbst den Kopf und denke: Wie konnte ich nur?

Viele sind in diesem Alter sehr wählerisch geworden. Sie haben ihr eigenes Leben gefunden und fragen sich, was sie für wen davon verändern würden. Nach wie vor hofft man auf die große Liebe – wenn man sie noch nicht gefunden hat –, aber nicht mehr um jeden Preis. Man ist nicht mehr bereit, sich in ein anderes Leben »einzufügen«, sondern möchte auch weiter seinen eigenen Interessen nachgehen, ein Stück weit sein eigenes Leben führen.

Alle Menschen in diesem Alter sind heute gegenüber meiner Generation viel selbstständiger, mutiger, unabhängiger, finanziell freier. Der Kinderwunsch ist etwas, was man noch hinausschieben kann, er drängt noch nicht. Um »Torschlusspanik« zu bekommen, ist es für Männer wie für Frauen absolut zu früh …

Sylvia

Das Gespräch mit Sylvia hat mich so beeindruckt, dass ich sie hier selbst zu Wort kommen lassen möchte. Sie erzählt: »Mein Mann ist ganz plötzlich gestorben. Bei einem bis heute ungeklärten Autounfall ist er aus dem Leben gerissen worden. Wir waren in unseren besten Jahren und hatten unendlich viele Pläne für unsere Zukunft.

Wir hatten auch an ein Kind gedacht, und nun, nach seinem Tod, bin ich hin und her gerissen. Ich frage mich, ob dieses Kind mir jetzt helfen würde, ein erfüllteres Leben zu führen oder wäre es vielleicht noch schwerer – oder auch nicht?

Es ist fast nicht auszuhalten, dieses sogenannte ›neue Leben‹ – ich hatte doch fast noch gar kein ›bisheriges Leben‹! Es hatte doch alles erst begonnen! Mein Leben – unser Leben. Wir hatten es uns gemeinsam aufgebaut, uns nach mancher Diskussion endlich ›zusammengelebt‹. Unsere Berufe haben uns manchmal fast aufgezehrt, unser Privatleben war durch die Schichtarbeit meines Mannes zerrissen. Die wenigen gemeinsamen Tage haben wir genossen. Wenigstens die Urlaubszeiten waren erfüllt von wunderbarer Zweisamkeit. Wir waren nur fünf Jahre verheiratet …

Atemlos stehe ich vor diesem neuen, einsamen Leben. Viele Ratschläge von meinen Eltern, Geschwistern, meinen Schwiegereltern, die ja auch alle in Trauer sind, stürmen auf mich ein – ich will und kann sie nicht annehmen. Ich möchte mich verkriechen, die Decke über den Kopf ziehen und einfach nur bei ihm sein.

Mir steckt ein großer Stein in der Brust, der sich nicht mehr bewegt. Er sitzt fest wie in einem Schraubstock.

Auch Bücher über Trauerbewältigung kann ich nicht lesen. Diese Geschenke sind gut gemeint, aber die Zeilen verschwimmen und die Gedanken schweben davon. Wie soll ich wieder ein fröhlicher, glücklicher Mensch werden? – Das ist für mich unvorstellbar.

Mein erster Schritt wird sein, mit meiner Einsamkeit zurechtzukommen. Alle guten Gedanken und Wünsche und Gespräche bleiben bei mir an der Oberfläche. Ich meine, sie gehen nicht mal in mein Ohr hinein. Gut gemeintes Interesse – ja, aber verstehen, wirklich verstehen kann mich niemand.

Meine Einsamkeit würgt mich. Am liebsten würde ich mich in meinem Bett vergraben, nichts sehen, nichts hören – und die Wirkung der Tabletten spüren. Schlafen – traumlos ...

Dieses Alleinsein hat nichts mit dem Alleinsein von früher gemeinsam. Früher wollte ich öfter allein sein, es war ein Hauch von Freiheit, tun zu können, was ich wollte.

Diese Einsamkeit jetzt würgt mich immer mehr, sie ist fast bedrohlich für mich. Manchmal habe ich das Gefühl, in eine Depression zu fallen. Und doch: Anpassung an die neue Situation, meine alte Flexibilität und die Hoffnung, dass doch irgendwann alles wieder besser wird, sind meine Zauberwörtchen, die mir Resilienz versprechen. Das Wissen, dass Veränderungen immer möglich sind, stärkt mich ebenfalls. Meine positive Einstellung zum Leben trägt mich von Tief zu Tief mit einer Spur von Hoffnung.

Mein Mann hat immer über meine spirituelle Denkweise gelacht. Er glaubte nicht an ein Weiterleben der Seele und einen Kontakt mit Verstorbenen. Nun lebe ich meine Spiritualität voll aus. Ich glaube, ich werde süchtig danach, und suche trotzdem nach Adressen, an die ich mich wenden könnte. Von meiner Beraterin habe ich den Kontakt zu Paul Meek erhalten, einem englischen Medium. An seinen spirituellen Abenden sitze ich unter Gleichgesinnten, die ebenfalls einen lieben Angehörigen in der ›anderen Ebene‹ glauben. Wie alle zweihundertfünfzig Anwesenden warte ich auf eine Nachricht aus dem Jenseits, auf einen Wink, wie es ihm geht und wie es für mich weitergehen kann. Ich bin aufgeregt, wenn Paul Meek ein Licht erwähnt, das in meine Richtung aufscheint und den Kontakt ankündigt.

Ich möchte nicht mehr einsam sein, das ist mein nächstes Ziel, mein nächster Schritt, auch um meinem Mann eine Freude zu bereiten ... Menschen sind nicht zum Alleinsein geboren. Ich kenne den Unterschied zwischen Einsamkeit und Alleinsein – bei mir verwischt sich diese Grenze, und das wirkt bedrohlich auf mich.

Ich weiß auch, dass es für mich noch zu früh ist, meine Trauer in die Gesellschaft von anderen zu tragen. Und doch habe ich Angst, dass ich den Zeitpunkt versäume, um auf diesen Zug aufzuspringen. Ich habe Angst, in meinen jungen Jahren zu vereinsamen. So bin ich nicht, nie gewesen – und da will ich mich selbst wieder an den Haaren herausziehen, so wie Münchhausen.

Manchmal sehe ich nun auch die neuen Chancen, die im Alleinsein liegen. Ohne die Gelegenheit und Fähigkeit, in uns zu gehen und von Zeit zu Zeit ganz für uns, ganz bei uns zu sein, können wir kein stabiles Selbst entwickeln. Das Alleinseinkönnen ist die notwendige Voraussetzung für Selbsterkenntnis und Selbstregulierung, für seelisches Wachstum und Kreativität. Das war mir alles bewusst aus der turbulenten Zeit, bevor ich in meinen Beruf einstieg und meinen Mann heiratete. Oftmals habe ich diese stille Zurückgezogenheit gesucht. Heute ist das anders. Heute versuche ich, im Alleinsein die Chance für das neue Leben zu suchen. Lasst mich einfach still sein und meinen neuen Weg finden ...«

Trauerbegleitung heißt für mich, dass ich Menschen helfe, ihre Widerstandsfähigkeit zu stärken und auch den Glauben, das Leben trotz allem auf irgendeine Art und Weise in eine neue, gute Richtung zu bringen und gemeinsam ein neues Ziel zu finden.

Nichts bleibt so, wie es ist, alles verändert sich. Auch in unserem eigenen Leben können wir dies immer wieder beobachten. Ich kann schon morgen meine Gedanken von gestern vielleicht nicht mehr nachvollziehen, weil sich eben meine Ansicht dazu verändert hat. Veränderungen sind etwas Tolles, sie machen das Leben lebendig und haben immer einen Sinn. Nehmen Sie Veränderung freudig an!

Auf meiner Homepage steht ein Zitat von Ella Kensington. Wohlgemerkt: Ich bin keine Scientology-Anhängerin, aber was sie sagt, trifft einfach zu:

> »Ich bin, was ich erlebe,
> ich erlebe, was ich denke,
> ich denke, was ich fühle,
> ich fühle, was ich glaube,
> ich glaube, was ich will,
> ich will, was ich liebe,
> ich liebe, was ich bin.«

Das Wissen, dass Veränderungen immer möglich sind, stärkt ungemein. Wichtig ist in diesem Zusammenhang auch das Sprichwort: »Wie der Mensch denkt, so ist er.«

Die »Feinde der Hoffnung« in dieser Situation sind Stillstand und die Gleichgültigkeit beziehungsweise die Akzeptanz, dass man nichts mehr tun kann. Sich selbst am Schopf hochzuziehen, positive Erfahrungsschubladen bewusst zu öffnen – das ist es, was eine resiliente Haltung ausmacht und was letztlich hilft, dass ein Mensch von innen heraus heilt, wieder ganz wird.

Maria

Maria ist 34 Jahre alt und erzählte mir, dass sie nun nach vielen enttäuschenden Partnerschaften erst einmal alleine bleiben möchte. »Es hat bisher niemand wirklich verstanden, wie ich dieses Leben leben möchte«, sagt sie. Kompromisse will sie in ihrem Alter nun auch nicht mehr eingehen. Sie fühlt, dass sie älter wird und ihr Lebensweg trotzdem für sie selbst immer noch nicht klar erkennbar ist.

Sie ist in einem großen Unternehmen als Führungskraft beschäftigt und will sich nun erst einmal wieder um ihr Berufsleben kümmern. Möglichkeiten, um in der Firma Karriere zu machen, gibt es, wenn auch nicht viele. Im Augenblick sind die Positionen, die sie gerne erreichen möchte, jedoch noch besetzt. »Was mir bleibt, ist warten oder die Firma wechseln«, sagt sie.

Abends und am Wochenende sitzt sie oft an ihrem PC und lässt sich durchs Netz treiben. Bei einem ihrer Streifzüge fällt ihr die Definition von »Karriere« auf »Wikipedia« ins Auge. Das Wort stamme aus dem Lateinischen und sei abgeleitet von *carrus* – dem Wagen, steht da. »Ich soll mich also auf einen Karren setzen und mich fortbewegen«, überlegt sie. »Die Definition leuchtet mir ein, aber wohin soll ich mich bewegen? Was kann ich, was will ich, was motiviert mich derart, dass ich mit meinen Talenten das Beste für mich und die Firma erreiche?«

Maria hat das zum Anstoß genommen, um mit sich selbst zu klären, was sie will und was sie nicht will, was sie kann und wozu sie absolut keine Lust mehr hat, was sie in ihrer Freizeit machen möchte und wie sie sie gestalten will. Dazu hat sie ein Coaching besucht und nach einem Selbsttest festgestellt: Sie hat keine Lust mehr, in einem Büro zu sitzen! Sie mag nicht mehr weisungsbefugt arbeiten. Sie will nun endlich selbst entscheiden. Eine Lösung wäre, sich selbstständig zu machen, aber das bringt große finanzielle Unsicherheiten mit sich. Es fällt ihr schwer, diese Sicherheit aufzugeben und das ersparte Vermögen zu riskieren.

Also hat Maria erst einmal die Situation in ihrer Firma ausgelotet: Was könnte sie beispielsweise als freie Mitarbeiterin für ihre Firma im Ausland machen? Sie ist ziemlich gut in Englisch und Spanisch. Fachlich hat sie in der Maschinenbranche gute Kenntnisse.

Einige Zeit später ruft mich Maria freudig an: Sie wird für die Firma, für die sie bisher gearbeitet hat, jetzt nach Madrid gehen. Zwar als Angestellte und nicht als freie Mitarbeiterin, aber das Angebot war so gut, dass sie das auch so annehmbar findet. Sie erzählt: »Eigentlich suchte meine Firma schon immer jemand, der die Firmenvertretung in Spanien übernimmt, und nun endlich haben sie mich dafür gefunden!« Was für eine Lebenswende!

Manchmal kann es also auch helfen, seinem Unmut nachzugehen, den Grund dafür herauszufinden und dann aber auch etwas dafür zu tun, dass sich die Situation ändert. Maria fühlt sich wohl in ihrem neuen Leben: Sie ist wieder wesentlich flexibler. Und das Private wird sich auch noch ergeben – da ist sie sicher ...

> »Die Hälfte aller Fehler entsteht dadurch,
> dass wir denken sollten, wo wir fühlen,
> und dass wir fühlen sollten, wo wir denken.«
>
> *John Churton Collins*

Das sechste Jahrsiebt
von fünfunddreißig bis
zweiundvierzig

Ordnung und Ausbildung der Essenz

Die Biografielehre nennt dieses sechste Jahrsiebt »Ordnung und Ausbildung der Essenz«. Es steht ebenfalls unter dem Zeichen des Elements Feuer.

Es ist ein Alter, in dem man aktiv das eigene Leben gestaltet. Auch die Außenwelt wird nun wichtiger und in die eigene Planung mit einbezogen: Wie gestalte ich meine Welt, wie gestalte ich die Welt mit? Für was engagiere ich mich? Was ist für mich und meine Familie wesentlich? Wo kann ich Vorbild sein? Wo werden meine Fähigkeiten gebraucht?

In diesem Jahrsiebt macht man oft eine Bestandsaufnahme, daher ist es beruflich und privat von großer Wichtigkeit. Manchmal führt diese Bestandsaufnahme auch in eine Wertekrise. Manche Menschen sortieren sich noch einmal ganz neu. Unser Leben verändert sich heute viel schneller als das vorhergehender Generationen. Manche Berufszweige haben sich durch neue Medien und globale Vernetzung beinahe selbst überlebt oder das Berufsbild hat sich so sehr verändert, dass viele Menschen bis ins Rentenalter immer wieder gefordert sind, sich mit Innovation und neuer Technik auseinanderzusetzen. Das alles bringt uns aber auch auf neue Gedanken und neue berufliche Ideen.

Für mich war dieses Jahrsiebt tatsächlich ein Jahrsiebt unter dem Zeichen des Feuers. In dieser Zeit habe ich meine beiden Kinder geboren, für die verschiedenen Firmen meines Mannes gearbeitet, meine kranke Mutter und Schwiegermutter gepflegt und beide viel zu früh begraben. Ich initiierte den ersten Hospizverein in Miesbach und begleitete die Operettensängerin Margit Schramm in ihrer Krankheit. Meine Fähigkeiten als »Stehaufweibchen« waren bis zur Erschöpfung gefordert.

Es war eine starke Zeit, in jeder Hinsicht, und ich frage mich heute noch, wie ich das alles eigentlich geschafft habe. Und doch: Ich hatte ungeheure Ressourcen, auf die ich zurückgreifen konnte und die ich manchmal wie aus dem Nichts »anzapfen« konnte. In den meisten Menschen schlummern Kräfte, die sie oft nicht einmal selbst dort vermuten. Wenn man sie braucht, öffnet sich sozusagen eine Schublade: eine Erfahrung, ein Zufall, eine unerwartete Möglichkeit, und alles Dunkel lichtet sich.

Unser Sohn war gerade neun Monate alt, als ich meine Mutter aus Spanien nach München holte, weil sie todkrank war. Im Klinikum Großhadern stellte man fest, dass sie einen gutartigen, jedoch damals inoperablen Gehirntumor hatte. Die Wochen zogen sich hin, in denen es ihr mal gut, mal schlecht ging, bis wir irgendwann die Gewissheit hatten, dass es für sie keine Hoffnung mehr gab. Sie starb mit 59 Jahren. Sie hatte sich so gefreut, endlich Oma zu werden, und konnte ihren Enkel nur noch wenige Male auf dem Arm tragen.

Unsere Tochter kam zweieinhalb Jahre später zur Welt – in Verona im Urlaub, viel zu früh und schon in der 38. Woche. Sechs Wochen vorher waren wir zu diesem Urlaub aufgebrochen, als mir die Fruchtblase riss und ich die nächsten sechs Wochen bis zum Kaiserschnitt im Krankenhaus liegen musste und nicht aufstehen durfte. Weil die Infektionsgefahr für mich und meine ungeborene Tochter so groß war, konnten wir uns auch nicht nach Hause transportieren lassen in dieser Zeit. Meine Schwiegermutter war sehr hilfreich in der Betreuung unseres kleinen Sohnes und beim beinah täglichen Umzug von einer Unterkunft in die andere. In Italien war es zwischenzeitlich Hochsaison geworden ...

Wir waren so glücklich, als Nina nach der Geburt selbstständig atmete und wir sie nach vielen Wochen dann endlich mit nach München nehmen konnten.

In der Zwischenzeit hatten wir unseren Hausbau unterbrechen müssen, und uns war während des Italienaufenthaltes unser Auto gestohlen worden. Unsere Firmen liefen mehr schlecht als recht, denn aus den zehn Tagen Urlaub waren notgedrungen sieben Wochen geworden.

Meine Schwiegermutter, die aus Österreich stammte, war seit vielen Jahren auch meine Freundin. Gemeinsam hatten wir viele schwierige Situationen gemeistert. Zwei Jahre später, als wir endlich wieder gemeinsam mit unserer kleinen Familie in Italien Urlaub machten, erhielten wir die Nachricht, dass sie sehr krank sei. Sie hatte Leberkrebs, und die Ärzte gaben ihr nur noch wenige Wochen. So fuhren wir zurück nach Deutschland, und ich pflegte meine Schwiegermutter bis zu ihrem Tod. Sie starb nur vier Wochen später bei uns zu Hause.

Durch diese eigenen Erfahrungen mit dem Tod war ich offen für die Idee der Hospizgründung. Sie wurde zu meiner neuen Aufgabe. Ich initiierte einen Hospizverein, dem ein weiterer in Haar folgte.

Damals hatte ich in der Nähe von München eine Freundin, die ebenfalls schwer erkrankt war. Margit Schramm, eine Opernsängerin, lebte alleine in ihrem Haus. Ihre Familie schien sich nicht weiter um sie zu kümmern und so übernahm ich diese Aufgabe. Auch sie betreute ich bis zu ihrem Tod. Noch heute pflege und bepflanze ich ihr Grab.

Es war mir ein Bedürfnis, Ihnen das zu schildern, was ich in diesem Jahrsiebt erlebt habe. Es gehört für mich zu den prägendsten meines Lebens. Ich denke, dass diese Lebenszeit wirklich ungeheuer viel für uns bereithält. Vor allem sehr viele neue Chancen.

Helga

Helga erzählt von ihren Erlebnissen in diesem Jahrsiebt: »Sicher kennen Sie den Ausspruch: ›Wenn du glaubst, es geht nicht mehr, kommt irgendwo ein Lichtlein her!‹ Vielleicht haben auch Sie in den dunkelsten Zeiten Ihres

Lebens, in denen man oft ganz stumm wird vor lauter Kummer, gehofft und geglaubt, dass dieses Licht endlich wieder auch für Sie scheint. In meiner dunkelsten Zeit habe ich mehr als sonst bei meinen himmlischen Helfern um Beistand gebeten. Ohne diese morgendlichen und abendlichen Bitten hätte ich diese Phase meines Lebens sicher nicht überstanden.

Aber in dieser schlimmen Zeit haben sich auch Türen geöffnet, die ich nicht vermutet hätte und die ich selbst nicht hätte aufstoßen können. Ich wurde ganz sensibel für kleine Freuden, wie zum Beispiel die Freundlichkeiten anderer Menschen. Ich freute mich an den Erfolgen meiner Kinder, obwohl auch für sie diese Zeit sehr schwer war.

Zwei Ereignisse möchte ich Ihnen erzählen, die für mich sehr bedeutend waren und sich fast wie ein Märchen anhören: Damals war mein Mann privat versichert, eine gesetzliche Krankenkasse hatte ihn als kleinen Unternehmer nicht genommen. Als seine Firma Insolvenz anmelden musste, war es uns natürlich auch nicht mehr möglich, die Krankenversicherung zu zahlen, in der auch unsere Kinder mitversichert waren. So bestand die Gefahr, dass sie bald ohne Krankenversicherung dastünden. Wir hatten schon drei Monate nicht bezahlen können, und der Versicherungsmakler rief fast jeden Tag an, um zu mahnen, aber wir konnten ihm einfach nichts anderes sagen, als dass wir das Geld nicht hatten.

Eines Tages sprach mich auf der Straße ein Mann an. Er sagte: ›Wir suchen für einen Werbefilm eine Dame wie Sie, möchten Sie nicht zum Casting kommen?‹ Zunächst wollte ich nicht, da ich Angst hatte, nun auch noch einem Schwindler auf den Leim zu gehen. Er erklärte mir, dass es entweder um eine Statistenrolle oder eben um die Hauptrolle in diesem Werbefilm ging und gab mir die Adresse der Produktionsfirma. Ich prüfte das nach, und es gab diese Firma tatsächlich.

Außerdem brauchte ich das Geld für die Versicherung, warum sollte ich es nicht versuchen? So ging ich also zum Casting. Es waren schon mehrere Männer und Frauen dort. Unsere Aufgabe bestand darin, gemeinsam Walzer zu tanzen. Geworben wurde für ein Herzmittel und unser Tanz sollte wohl zeigen, wie aktiv man durch dieses Mittel bleiben kann. So tanzte ich also mit einem fremden Mann Walzer. Als wir loslegten, wussten wir nicht, ob wir die kleinere Komparsenrolle oder die Hauptrolle bekommen würden.

Aber es sollte wohl so sein: Am nächsten Tag rief die Agentur an, dass ich mit meinem Partner die Hauptrolle bekommen hatte. Ich bekam den Termin für die Aufnahmen – es war ausgerechnet unser Hochzeitstag! – und fand mich an diesem Tag um sechs Uhr morgens in einem gelben Ballkleid mit viel Tüll in der Produktionsfirma wieder. Was für ein Wunder! Unseren Hochzeitstag in dieser für uns so schrecklichen Zeit verbrachte ich mit Walzertanzen! Und ich bekam den fröhlichen Tanz sogar noch bezahlt.

Als wir am Abend mit dem Dreh fertig waren, kam der Schock für mich: Alle Komparsen wurden sofort ausbezahlt, nur mein Tanzpartner und ich nicht, obwohl wir die Hauptrolle bekommen hatten. Bei der Übernahme einer Hauptrolle war es wohl üblich, dass man erst eine Rechnung stellte und einem dann das Geld überwiesen wurde. Es war aber der letzte Tag, an dem wir unsere Krankenversicherung noch bezahlen konnten, der Mensch von der Versicherung hatte uns ein Ultimatum bis heute gestellt! Ich musste also das Geld haben.

Meine Panik war groß, und so wuchs ich in diesem Moment tatsächlich über mich hinaus. Ich musste das Geld bekommen, wie auch immer das auf die anderen Teilnehmer wirken würde – heute musste ich das Geld haben und nicht morgen. Endlich telefonierte jemand für mich mit dem Büro, und ich machte mich sofort auf den Weg dorthin. Ich schrieb meine Rechnung auf einen Bogen weißes Papier und bekam einen Scheck. Bargeld wäre mir lieber gewesen, aber das hatte man nicht zur Hand. Als ich den Scheck in der Hand hatte, versuchte ich sofort, den Mann von der Versicherung anzurufen und mich jetzt noch mit ihm zu treffen, um ihm das Geld zu geben. Das gelang mir auch noch und ich übergab ihm zum letztmöglichen Termin das Geld. Und so blieben wir tatsächlich versichert.

Das Wunder ging noch weiter. Ich hätte niemals damit gerechnet, aber drei Wochen später kam mein Mann überraschend ins Krankenhaus und eine Bypassoperation rettete ihm nur knapp das Leben. Ausgerechnet eine Herzoperation, wo ich doch für ein Herzmittel Walzer getanzt hatte! Was hätten wir gemacht, wenn wir keine

Versicherung mehr gehabt hätten? Mein Mann fiel für viele Wochen aus, sein Herz hatte die Arbeits- und Insolvenzstrapazen nicht mehr verkraftet.

Der Mann bei der Versicherung sagte einige Zeit danach zu uns: ›Sie haben doch gewusst, dass diese Herzoperation kommt!‹ – Nein, ich habe es nicht gewusst! Aber es wurde mir geholfen – um zu helfen.«

Rudi und Anna

Bei meiner langjährigen Trauerbegleitung sind mir zwei, eigentlich drei Menschen besonders in Erinnerung geblieben.

Rudi kam zu mir, als seine Frau verstorben war. Es war kurz nach Weihnachten, für ihn und seinen zwanzigjährigen Sohn eine traurige Zeit. Rudi hatte seine Frau, die seit der Geburt ihres Sohnes an MS litt, gepflegt. Die Geburt hatte diese Krankheit ausgelöst und wurde von Jahr zu Jahr schlimmer, bis sie nur noch im Rollstuhl sitzen und im Bett liegen konnte.

Rudi hatte mir das letzte Foto von Weihnachten mitgebracht. Auf dem Bild sah ich eine Frau im Rollstuhl, die fröhlich lachte. Rudi erzählte mir von seiner außergewöhnlichen Partnerschaft mit dieser Frau. Ihr Zusammensein war immer fröhlich und heiter gewesen, seine Frau hatte sich mit der Krankheit abgefunden, war daran nicht verzweifelt. Seine beruflichen Aussichten hatten sich durch die Krankheit und die Pflegezeit allerdings verschlechtert und nun wollte Rudi einen Neuanfang wagen. Er kam zu Einzelgesprächen zu mir, ging aber auch in die kleine Selbsthilfegruppe, um sich auszutauschen.

Auch Anna, eine junge Frau, deren Mann sehr plötzlich aus dem Leben gerissen worden war, kam nach einem Einzelgespräch zu mir in die Gruppe. Anna brauchte den Beistand von uns allen. Auch sie musste neu Fuß fassen.

Ich denke, ich brauche nicht weiter zu erzählen, Sie werden es schon ahnen. Es ist für mich als Trauerbegleiterin die größte Freude, wenn ich davon berichten kann, dass zwei Menschen sich in einer Lebenskrise neu finden. Das sogenannte Trauerjahr war noch nicht ganz vorbei, als ich einen Anruf erhielt, dass Anna und Rudi ein Kind bekommen. Die Freude war groß, und auch Rudis Sohn sah seinen Vater nun endlich wieder heiter und erwartungsvoll, was die Zukunft angeht.

Es gibt es also, dieses Lichtlein, das am Ende des Tunnels plötzlich auftaucht!

»Angenehm ist am Gegenwärtigen die Tätigkeit,
am Künftigen die Hoffnung
und am Vergangenen die Erinnerung.«

Aristoteles

Das siebte Jahrsiebt
von zweiundvierzig
bis neunundvierzig

Ordnung und Ausbildung des neuen Schauens

Die Biografielehre nennt dieses siebte Jahrsiebt »Ordnung und Ausbildung des neuen Schauens«. Es steht unter dem Zeichen des Elements Luft.

Was ist das für ein wunderbares Alter – obwohl von »Alter« eigentlich noch keine Rede sein kann. Man kann nun viele neue Möglichkeiten für sich entdecken, Wünsche können endlich wahr werden. So mancher wechselt beruflich noch einmal die Branche und findet endlich seinen Traumberuf. Man weiß nun, wer man ist, was man kann, hat einen großen Erfahrungsschatz. Jetzt möchte man allerdings auch wissen, wo man diese Erfahrungen anbringen kann, wo man gebraucht wird.

Oft betrachtet man die Dinge jetzt anders als noch vor ein paar Jahren und man entwickelt so etwas wie eine eigene Weisheit. Man spürt noch einmal deutlich die eigene Kreativität, die sich vielleicht sogar in einem völlig neuen Bereich des Lebens zeigt. Für viele ist es die Zeit der sogenannten »Midlifecrisis«, in der sich das Leben noch einmal ganz neu wandelt. Das geht nicht immer ohne Konflikte ab, denn oft bedeutet das, jahrzehntelange Bindungen aufzugeben, Brücken hinter sich abzubrechen, eigene Wege zu gehen, die von manchen vielleicht als egoistisch verurteilt werden. Aber man gehört in diesem Alter ja auch noch lange nicht zum »alten Eisen«. Also geht es neu los.

Auch für mich war der Eintritt in dieses Alter der Start in ein ganz neues Leben. So spürte ich, dass die vielen Intermezzi in verschiedenen Berufen zwar für meine Erfahrungen und Sichtweisen durchaus eine Bereicherung waren, jedoch meine Malerei und mein soziales Engagement für andere Menschen in schwierigen Situationen meine Zukunft sein würden. Mein Ausstieg aus den verschiedenen Firmen, die ich mit meinem Mann aufgebaut hatte, kam für ihn aus heiterem Himmel. Ich wollte kein Hotel mehr, keinen Sportpark, keine Immobilienfirma, keine Westernstadt – nein, ich wollte endlich wieder malen, schreiben und mich um Menschen in Not kümmern. Mein neuer Weg schien vielen unverständlich und völlig verrückt. Verständnis schlug mir nicht entgegen – nicht von meinem Mann und auch nicht von meinen Kindern.

Endlich konnte ich wieder kreativ sein! Ich spürte das Glücksgefühl, wenn ich friedlich und ungestört nachts an der Leinwand stand und diesen Moment des »Flow« genießen konnte.

Die Geschäftsfrau in mir trat immer weiter in den Hintergrund. Selbst als wir einige der Firmen meines Mannes schließen mussten – er hatte eine Bypassoperation hinter sich und konnte das alles nicht mehr alleine fortführen –, konnte mich das nicht aus der Bahn werfen. Die Malerei trug mich wie auf Flügeln, der Verkauf der Bilder lief gut und bestätigte mich in meiner Entscheidung. Mein neues, erfülltes Leben nahm mich voll in Beschlag, als ich damit gar nicht gerechnet hatte.

Die Gründung der Hospize war für mich so etwas wie der Start in ein neues Leben. Neben meiner Malerei betreute ich nun schwerstkranke Mitmenschen. Schließlich schaffte ich es sogar, ein Bestattungsunternehmen von meiner Idee der Trauerbegleitung zu überzeugen und so konnte ich auch hier meine Erfahrungen mit dem Sterben und dem Tod für andere Menschen einbringen.

Menschen in Not wurden mir immer wichtiger. Hinterbliebene Angehörige wieder auf einen neuen Weg zu begleiten war und ist meine Lebensaufgabe geworden. Und meine positiven Bildwerke mit viel Licht geben nicht nur meinen Käufern Kraft, sondern auch mir.

Robert

Robert erzählte mir seine Geschichte: »In den schwierigen Situationen, die im Leben auf einen zukommen, ist man oft sehr allein. Es gibt dann nur wenige Freunde, die zu einem stehen. Vielen ist es schon zu viel, sich auch nur mal den Kummer anderer anzuhören.

Aber dann spürt man plötzlich etwas, was man Intuition nennen könnte. Es sitzt in einem und lässt einen nicht mehr los. Ein Gedanke, der gewagt und fast nicht umsetzbar erscheint. Wo kommt dieser Gedanke her? Doch er lässt sich nicht mehr aus dem Kopf vertreiben. Wie ein Lied, das man ewig vor sich hin summt. Wenn man nun dem Ursprung dieses Gedankens nachgeht, wird er einem manchmal klarer. Oft fehlt einem dann zunächst der Mut, ihn umzusetzen. Ich habe mir gesagt: Du spinnst, wie soll das denn gehen? Und doch: Es musste eine Lösung her, das wusste ich.

Ich sah schon seit einiger Zeit, dass unsere finanzielle Situation immer schwieriger wurde, und hatte bald die begründete Befürchtung, dass wir unser Haus würden verkaufen müssen. Ein Jahr, bevor das Wirklichkeit wurde, verfestigte sich in mir der Gedanke: Ich muss jetzt schon sehen, wo wir dann bleiben sollen. Ich habe immer wieder gehofft, dass sich vielleicht noch etwas ändert, aber in meinem Kopf wurde diese Lösung immer konkreter. Damals fuhr ich häufiger an einem Mehrfamilienhaus vorbei, das einen sympathischen Eindruck auf mich machte. Zudem wohnten in dieser Gegend damals einige unserer Bekannten.

Ich wagte es und rief bei der Verwaltung dieses Hauses an. Auf meine Frage, ob ich eine Chance hätte, eine der größeren Wohnungen zu mieten, meinte die Dame am Telefon: ›Eigentlich nicht – aber schicken Sie doch Ihren Wunsch nach oben!‹ Da war ich an die richtige Person geraten, denn so wie sie selbst ihre Wünsche

›nach oben‹ sandte, tat auch ich das immer. Und schließlich bekamen wir tatsächlich die Wohnung. Wir fanden Freunde, die uns beim Umzug halfen, und nach der Auflösung einer Versicherung konnten wir die Kaution hinterlegen, den Umzug bezahlen und das Allernötigste für uns und die neue Wohnung beschaffen.

Das Schwierigste beim Auszug aus unserem Haus war, dass wir uns alle von liebgewordenen ›Lebensbegleitern‹ verabschieden mussten, auch die Kinder. Wir mussten viel wegwerfen, verschenken oder einlagern und konnten nur kleine Kisten packen. Es kam, wie es kommen musste, und im Nachhinein freue ich mich über das intuitive ›Stehaufweibchen‹ in mir. Diese neue Wohnung, in der wir uns dann wenigstens wohlfühlten, war doch ein ›Licht am Ende des Tunnels‹ damals für uns ...«

Ein weiteres gutes Beispiel für das Lebensgefühl in diesem Jahrsiebt ist Susanne. Sie begegnete mir bei einem Jugendtreffen und wir unterhielten uns über die Resilienzfähigkeit von Kindern und andere Erziehungsthemen: Wie wichtig es ist, Kinder in den ersten Jahren selbst liebevoll zu erziehen, sie auf den Wert von allem, was ist, aufmerksam zu machen ... Als sie Vertrauen zu mir gewonnen hatte, erzählte sie mir ihre Geschichte.

Susanne

Susanne, damals 42 Jahre alt, erzählte mir: »Wenn bei uns zu Hause das Telefon klingelte, konnten es eigentlich nur Freunde oder Verwandte von mir und meinem

Mann sein, denn für geschäftliche Anrufe hatten wir eine Extranummer im Büro. Und sollte es ganz dringend sein, wurden die Anrufe auf das Handy meines Mannes umgeleitet. Unser Telefon war oft von unseren Kindern belegt, sie kamen nun in ein Alter, in dem sie ständig telefonierten. Wir durften uns dann ›anmelden‹, wenn wir einen Anruf erwarteten oder einmal selbst telefonieren wollten. Unsere Kinder waren immer sehr kommunikationsfreudig. Da auch ich für einige Stunden in der Woche im Geschäft meines Mannes arbeitete, konnte ich meine Anrufe auch dort erledigen.

Irgendwann kam es aber immer häufiger vor, dass fremde Menschen auf unserem privaten Anschluss anriefen und nach meinem Mann fragten, obwohl er in dieser Zeit eigentlich im Büro hätte erreichbar sein müssen. Zunächst dachte ich mir nichts dabei, denn er war auch viel unterwegs und daher manchmal schwer ans Telefon zu bekommen.

Die Anrufe kamen immer häufiger. Nun klingelte das Telefon privat auch dann, wenn ich mit den Kindern beim Essen saß, Hausaufgaben machte oder spielte. Die Anrufer waren manchmal so unfreundlich, dass ich gar nicht wusste, wie ich darauf reagieren sollte. Ich war zunehmend verunsicherter und kam mir so hilflos vor wie eine dumme Gans, eben wie eine typische ›Nur-Hausfrau‹. Diese Anrufe machten auch die Kinder unsicher, weil sie merkten, dass ich nicht wusste, was ich antworten sollte. Unsicherheit beruht auf Unwissen, aber was sollte ich machen? – Eigentlich wollte ich ja auch nicht alles wissen. Jeder sollte seine lange Leine haben, jeder wusste vom anderen, dass er nichts Unrechtes tat.

Aber die Anrufe wurden immer dringlicher und vor allem unverschämter. Als ich meinen Mann ängstlich fragte, was es damit auf sich habe, beruhigte er mich: Es sei eben so viel außerhalb des Büros zu erledigen, dass er einfach nicht immer auf seinem Stuhl sitzen bleiben könne.

Die Anrufer bekamen schließlich einen Namen. Es waren derzeitige und ehemalige Kunden, Rechtsanwälte, Mitarbeiter, Banken … Mein Gefühl wurde immer mulmiger – wie kamen sie an unsere geheime Telefonnummer, warum sprachen sie nicht direkt mit meinem Mann?

Dann rief die Bank an und teilte mir mit, dass unser Überziehungskredit überschritten war und ausgeglichen werden musste. Rechtsanwälte riefen an und wollten wissen, wann mein Mann gewöhnlich zu Hause sei.

Es war schrecklich für mich, aber wenn ich meinen Mann fragte, fand er es normal, weil er ja auf den Baustellen nicht erreichbar war. Mir wurde ganz schlecht von den Anrufen und ich hatte ständig Druck im Magen. Vor dem Telefon hatte ich direkt eine Phobie, und ich war nun froh, wenn die Kinder es blockierten! Manchmal hängte ich auch einfach aus.

Mein Mann war nun auch immer häufiger und immer länger nicht zu Hause, und ich wurde immer hilfloser. Ich wusste einfach nicht, wie ich damit umgehen sollte, und vor allem, was diese Anrufe nun wirklich bedeuteten. Meine Nerven waren so lädiert, dass ich Angstzustände bekam. Lächerlich fand das mein Mann, da er doch im Geschäft mit vielen solchen Anrufen zurechtkommen musste. So war das Berufsleben, dem ich einfach nicht gewachsen war, wie er sich ausdrückte. Ich solle mich beruhigen, ich hätte ja keine Ahnung.

Aber es war nicht mehr zu verheimlichen, dass etwas nicht stimmte. Ich wusste nur nicht, wie ich die Wahrheit herausfinden sollte. Mein Mann wollte mich beruhigen und so erfuhr ich einfach nichts, aber ich konnte diesen Zustand einfach nicht mehr aushalten. Aus der kreativen, freudigen Mutter wurde eine ängstliche. Immer häufiger fanden die Kinder mich in Tränen, und ich konnte ihnen eigentlich nichts erzählen – ich wusste ja selbst nichts!

Geholfen hat mir, dass ich nicht mehr einfach zuschauen und Angst haben wollte, sondern hinschauen. Ich hatte plötzlich keine Angst mehr vor den Anrufern, sondern fragte sie regelrecht aus. Ich habe dann meinen Mann damit konfrontiert und wurde so wieder zu seiner Gesprächspartnerin. Die schwere Zeit dauerte lang und es war hart damals. Letztlich hat sie uns gefestigt und heute macht es uns stolz, diese Hürde gemeinsam genommen zu haben. Umwerfen wird uns so schnell nichts mehr ... Übrigens: Auch den Kindern hat es nicht geschadet, im Gegenteil ...«

»In einem wankenden Schiff fällt um,
wer stille steht,
nicht, wer sich bewegt.«

Ludwig Börne

Das achte Jahrsiebt von neunundvierzig bis sechsundfünfzig

Ordnung und Ausbildung des neuen Hinhörens

Die Biografielehre nennt dieses achte Jahrsiebt »Ordnung und Ausbildung des neuen Hinhörens«. Es steht unter dem Zeichen des Elements Wasser.

In diesem Jahreszyklus sind »Geben« und »Nehmen« endlich ausgeglichen. Es ist die Zeit, in der wir anfangen müssen, auf unsere Gesundheit zu achten, noch intensiver auf unseren Körper zu hören. Dazu empfiehlt sich eine gewisse Tempoänderung im Tagesablauf. Es ist auch die Zeit, auf unsere innere Stimme zu hören, die Stimme unseres Herzens. Ärzte warnen in diesem Alter davor, sich zu übernehmen. Sie raten, auf Herz und Kreislauf zu achten.

So mancher denkt nun vielleicht schon an die Pension und was dann wohl sein wird. Die Zeit ist so schnell vergangen und viele können sich nicht vorstellen, jetzt einfach aufzuhören. Und Sie haben recht: Was kann man noch alles anfangen mit und in seinem Leben und den gewonnenen Erfahrungen! Es eröffnen sich noch immer neue Möglichkeiten.

»Ich möchte von weisen, heiteren, gelassenen Menschen etwas lernen. Die Zeit, gewitzten, schlauen, tricksenden Menschen etwas abzuschauen, ist vorbei.« Das sagte mir eine Dame, die viele Jahre Managerin eines mittelständigen Unternehmens war. Dieses Umdenken findet man häufig in diesem Lebensabschnitt.

Als Sandwich-Generation wird in der gesellschaftlichen Diskussion die Generation der heute 40- bis 60-Jährigen bezeichnet, die wie der Belag eines Sandwichs »eingeklemmt« ist zwischen den Verpflichtungen gegenüber sich selbst, gegenüber der Generation der heutigen Rentner und gegenüber der Generation ihrer Kinder. Alle drei Verpflichtungen legen finanzielle Lasten auf ihre Schultern.

Enger gefasst bezeichnet der Begriff die Gruppe derjenigen, die die Sorge und Pflegeleistungen für eigene ältere Angehörige tragen, meist für die eigenen Eltern, und die zugleich für die Betreuung und Erziehung ihrer Kinder verantwortlich sind. Dadurch ist der Familienverbund enger geworden und damit auch die Verantwortung füreinander größer.

In diesem Jahrsiebt gibt es noch einmal die Chance, Beziehungen zu überdenken und, wenn sie als stimmig empfunden werden, sie auch zu pflegen. Der Familienzusammenhalt, alte und neue Freunde und Bekannte und die Partnerschaft haben großen Einfluss auf Gesundheit und Psyche. Laut einer australischen Studie kann ein stabiles Netzwerk die Lebenserwartung bis zu zwanzig Prozent erhöhen. Freundschaften geben Rückhalt und emotionale Unterstützung.

In meiner Begleitung Trauernder erlebte ich vielfach, dass Menschen nach einem vertrauensvollen »Sorgenentladungsgespräch« erleichtert sind. Es ist ein schreckliches Gefühl, nicht angenommen zu werden, nicht gehört zu werden. Daher ist für eine funktionierende Beziehung vor allem eines wichtig: zuhören. Und das so lange, bis der andere ausgesprochen hat, bis man ihn verstanden und die Bedürfnisse des anderen begriffen hat. So ist es auch in einer lange dauernden Partnerschaft möglich, am anderen noch Neues zu entdecken und selbst in verfahrenen Situationen gemeinsam einen Weg zu finden.

Hubert

»Jahrelang war ich in einem wunderbaren Unternehmen in der Elektronikbranche tätig«, erzählt Hubert mir. »Von der Lehre ab war ich in diesem Unternehmen, und für mich war es wie eine zweite Familie. Ich kannte jeden und alles in der Firma. Ich wusste, wie es läuft und zu laufen hat. Hier war ich jemand, jeder kannte mich. Ich muss diese Geschichte in der Vergangenheit berichten, weil ich kurz vor meinem 49. Geburtstag erfuhr, dass ich nicht mehr gebraucht wurde. Plötzlich war ich nur noch ein Kostenfaktor, den man kurzerhand strich.

Meine Verzweiflung darüber, im Alter von fast 50 Jahren als unnütz abgestempelt zu werden, hat mir den Teppich unter den Füßen weggezogen. Wie sollte ich das meiner Frau, meinen Kindern erzählen?

Man hatte mir eine Abfindung angeboten und ich wollte sie eigentlich nicht nehmen. Wie sollte dann mein Leben aussehen – einfach leer und zu nichts mehr zu gebrauchen?

Bisher war ich so gut wie nie krank gewesen, nun machte mir meine Gesundheit ziemlich zu schaffen. Ich wollte das nicht glauben – ich und krank? Niemals! Es hatte wohl keine körperlichen Ursachen, eher seelische, das musste ich mir eingestehen. Meine Frau hatte ihre Arbeitsstelle noch und tröstete mich: Wir hätten doch keine Schulden und irgendetwas würde ich bei meiner Ausbildung doch noch finden. Sie versuchte mich aufzubauen, ich mich aber nicht.

Ich grübelte und suchte nach Lösungen. Die Abfindung nahm ich dann doch. Und suchte weiter. Ich schrieb Bewerbungen, doch mein Alter machte mir immer wieder einen Strich durch die Rechnung, wenn es um die Einstellung ging.

Durch einen Bekannten erfuhr ich von einem Bauunternehmer, der dringend einen Geschäftspartner suchte. Das, so dachte ich, könnte die Möglichkeit sein! Es öffnen sich doch immer wieder neue Wege, man muss sie nur suchen.

Die Firma befand sich in einer nahegelegenen Kleinstadt und an Aufträgen mangelte es ihr nicht. Wie der

Bauunternehmer mir erklärte, hätte er keine Zeit, Angebote zu machen, Material zu bestellen und dann noch Rechnungen zu stellen. Für diesen Job bräuchte er jemanden. Ich könne doch gut mit Zahlen umgehen, meinte er. Ich dachte: So ein Glück, mit Zahlen kenne ich mich wirklich aus, und Baumaterial ist doch das Richtige für einen Mann.

So stieg ich in die Firma ein und war glücklich, wieder gebraucht zu werden. Ich war Unternehmer geworden, dreißig Prozent der Firma gehörten nun mir, und ich würde den Finger schon auf den Zahlen haben.

Aber es ging nicht gut, und ich verlor alles, was wir an Ersparnissen noch hatten. Meine Frau hatte ich gar nicht eingeweiht, als ich das Geld in die Firma investierte. Ich konnte damals einfach mein Glück nicht fassen, wieder gebraucht zu werden, und war deshalb wohl ziemlich blauäugig. Das Bauunternehmen hatte schon vor meinem Einstieg Verluste gemacht. Als ich nun meine Einlage zahlte, wurde das offensichtlich, und so verlor ich alles Geld.

Dennoch war ich mir bewusst, dass ich in meinem Alter auch noch einmal neu anfangen konnte. Meine Erfahrungen als Unternehmer kamen mir zugute: Ich hatte gelernt, wie ein Unternehmer zu denken, Hintergründe über die Branche erfahren und neue Kontakte zu anderen Firmen geknüpft.

Die anfängliche Mutlosigkeit verschwand nach und nach und meine Frau gab mir bei all dem großen Rückhalt. Die finanzielle Durststrecke überbrückten wir mit ihrem Gehalt und schließlich fand ich eine Anstellung in einer Bauwarenhandlung. Es war nicht leicht, vom Unternehmer wieder zum Angestellten ›degradiert‹ zu werden. Dennoch: Ich habe es geschafft, nein, wir haben es geschafft, denn ohne meine Frau hätte ich das nicht durchgestanden.«

»Frisch gewagt ist halb gewonnen!«
»Das Glück ist auf der Seite der Mutigen.«

Volksweisheit

Das neunte Jahrsiebt von sechsundfünfzig bis dreiundsechzig

Ordnung und Ausbildung der intuitiven Seite

Die Biografielehre nennt dieses neunte Jahrsiebt »Ordnung und Ausbildung der intuitiven Seite«. Es steht unter dem Zeichen des Elements Erde und wird als sehr hell und mystisch beschrieben. Gegenüber den bisherigen Jahrsiebten lässt dieser Zyklus nun eine gewisse Besonnenheit erkennen. Sie macht den Menschen zu einem weisen Ansprechpartner, da er vieles in seinem Leben gelernt hat.

Viele Menschen handeln in dieser Lebensphase intuitiv. Intuition beruht auf einem reichen Erfahrungsschatz: Man hat bereits so viele Situationen erlebt, dass man auch in einer neuen Phase auf diese Erfahrung zurückgreifen kann und richtig entscheidet. Viele Menschen empfinden diesen Erfahrungsschatz, den sie nun mit sich herumtragen, wie reichlich gefüllte Schubladen, aus denen sie bei Bedarf das Passende hervorholen können: konstruktive Vorschläge, Entscheidungen, Gefühle, Erlebnisse. Das Leben wird dadurch nicht weniger aufregend, aber etwas ruhiger, da man nun Menschen und Situationen besser und sicherer einschätzen kann.

Auch die mystischen Elemente im Leben gewinnen an Bedeutung. Es geht nicht mehr nur um Realität und Beweisbares, sondern die Dinge hinter den Dingen kommen in den Blick. Man beginnt, sich mit den Grundfragen des Lebens und dem Sinn des eigenen Daseins tiefer zu befassen. Man möchte die großen und kleinen Wunder, die einem bisher begegnet sind, verstehen lernen. Dazu passt wohl die Einsicht, dass man etwas erst wirklich zu schätzen weiß, wenn kaum mehr etwas davon übrig ist oder man es ganz verloren hat …

In diesem Jahrsiebt werden auch die Sinne wichtig. Da man unweigerlich durch den Alterungsprozess nun schlechter sieht, hört, riecht, fragt man sich zunehmend: Wie kann ich meine Sinne möglichst lange erhalten? Vielleicht nimmt der eine oder andere sich jetzt daher mehr Zeit für sich selbst. Überhaupt stehen Gesundheitsfragen nun eher im Mittelpunkt, es wird spürbarer, erlebbarer, dass das Leben endlich ist. Vielleicht hat dieses Jahrsiebt auch deshalb eine Klärung des bisherigen Lebens sozusagen im Rucksack.

Man blickt zurück, und vielleicht tauchen plötzlich Menschen aus der Erinnerung auf, an die man jahrelang nicht gedacht und die man längst aus den Augen verloren hat: Schulkameraden, Jugendlieben, Kommilitonen. Vielleicht packt einen aber auch die Sehnsucht nach fremden Ländern oder nicht genutzten beruflichen oder privaten Chancen. Man schaut zurück und denkt: Was wäre, wenn ich damals anders entschieden hätte? Dann steht einem all das an ungelebtem Leben vor Augen, das auch hätte Wirklichkeit werden können. Nun ist die Zeit, um alte Träume und neue Träume zu verwirklichen!

Auch Christine, damals 63 Jahre alt, erinnert sich gern an das, was sie schon alles erlebt hat.

Christine

»Es ist wunderbar, mit dir diese Phase nochmals Revue passieren zu lassen«, freut sich Christine über unser Gespräch. »Alleine hätte ich mich nun nicht mehr so an die vielen Ereignisse in diesem Zeitraum erinnert. Manchmal braucht man einfach jemanden, der zuhört oder auch nachfragt.

Durch den Konkurs meines Arbeitgebers wurde ich plötzlich arbeitslos. Es begann schon zu kriseln, als ich 54 Jahre alt war. Man merkte, dass die Geschäfte nicht mehr rund liefen und überall gespart werden musste. Die Folgen dieser Einsparungen waren unzufriedene Kunden und so bekamen wir immer weniger Aufträge. Als ich 55 wurde, war es dann so weit: Wir mussten schließen. Obwohl ich gesundheitlich fit war und in meinem Beruf viel Erfahrung und Ahnung hatte, gehörte ich plötzlich zu den ›Alten‹. Mein Mann und meine fast schon selbstständigen Kinder konnten mit einer mürrischen Frau und Mutter nicht viel anfangen. Meine

Unzufriedenheit machte mich fast depressiv und ich hatte plötzlich Angst vor der Zukunft.

Zum ersten Mal in meinem Leben überlegte ich mir dann, was ich eigentlich gerne machte. In Rente gehen wollte ich auf keinen Fall, denn unsere Eigentumswohnung war noch nicht abbezahlt und wir mussten ja auch von irgendetwas leben. Geholfen hat mir die Arbeit mit dir. Du hast mir Schubladen aufgezeichnet, die ich füllen sollte mit meinen Erfahrungen und Lieblingsbeschäftigungen seit meiner Kindheit bis heute. Für mich war das zunächst eine mächtige Kopfarbeit, ich musste zurück und wieder nach vorne überlegen.

Ich dachte viel über die Dinge nach, die mich schon in meinen Kindertagen glücklich gemacht hatten. Daran hatte ich eigentlich noch nie so intensiv herumüberlegt. Also: Was habe ich getan, als die Zeit wie im Flug vorbeizog, als ich die Zeit einfach nicht bemerkt habe, sie unbedeutend war. Was war das, was mich so begeistert hat, dass ich ganz ich war und die Welt um mich herum vergaß?

Plötzlich wusste ich, wie ich die erste Schublade zu füllen hatte! Allein der Gedanke daran machte mich glücklich. Ich blickte zurück und füllte die Schublade mit Erde, Pflanzen, Wasser, kleinen Stöckchen, Samen und Blütenköpfchen. Es entstanden ein kleiner Bach, ein Wehr und ein Stausee. Ich baute eine Brücke über den kleinen Bach und setzte Sumpfpflanzen am Ufer. Ich fühlte die nasse Erde an meinen Händen und bestaunte den Lauf des Wassers, als ich ein Hölzchen entfernte. Ich fühlte, wie meine Füße immer mehr im Sumpf verschwanden und die Sonne auf meinen Rücken brannte. Ich lief zum nahen Wald, um noch mehr farbige Blütenköpfe zu finden, damit ich die Wasserlandschaft gestalten konnte. Tiere wären noch eine tolle Ergänzung gewesen, aber außer Ameisen und Regenwürmer fand ich nichts. Diese bestaunte ich deshalb umso mehr und verfolgte ihre Tätigkeit.

Plötzlich begann ich, diese Landschaft auf einem Blatt Papier nachzuvollziehen. Aus der Schubladenfüllung wurde ein Landschaftsplan mit all den Dingen, die ich freudig in meinen Erinnerungen wiedergefunden hatte. Und plötzlich wurde mir auch klar, wie mein weiterer Weg aussehen sollte: Ich wollte mir meine neue Tätigkeit suchen, bei der ich in der Natur sein kann. Kein Schreibtischjob mehr! Meine Hände wollten Erde spüren ...

So fing ich wieder ›ganz unten‹ an. Im Internet machte ich mich auf die Suche, welcher Beruf dazu wohl passen könnte. Gelandet bin ich schließlich in gärtnerischen Fortbildungen, bei Hilfsarbeiten in Städtischen Gärtnereien, im Tierpark, bei internationalen Hilfsprojekten und der Pflege von Friedhöfen. Nun habe ich das Wissen, um mich bei renommierten Landschaftsgärtnereien bewerben zu können.

Ich liebe diese Arbeit mit und in der Natur. Ich hätte diesen Weg, diesen erfüllten Traum nie gewagt, hätte ich nicht die Chance genutzt, die sich für mich aus der Insolvenz meiner Firma ergab.«

Es ist unser Leben – mit allen seinen unbewussten und bewussten richtigen und falschen Entscheidungen. Auf jeden Fall lernt man etwas dabei, auch wenn sich die Entscheidung am Ende als falsch herausstellt. Um dem vorzubeugen, hilft es manchmal, die sogenannte »3 x 10-Formel« anzuwenden. Die Idee stammt von der amerikanischen Wirtschaftsexpertin Susan Welch, die langjährig Chefredakteurin der »Harvard Business Review« war.

Eine schlichte Methode. 3 x 10 bedeutet: 10 Minuten, 10 Monate, 10 Jahre. Die Strategie ist, dass man bewusst die Folgen einer Entscheidung in der unmittelbaren Gegenwart, in der näheren Zukunft und in der ferneren Zukunft abwägt. Der erste Schritt ist jedoch, zunächst einmal das Problem als klare Frage zu formulieren, zum Beispiel: Soll ich eine Fernbeziehung eingehen? Muss mein Sohn unbedingt auf das Gymnasium? »Viele verfahrene Situationen sind mit Neben- und Unterproblemen verquickt, mit Ablenkungen, Abschweifungen und falschen Spuren«, sagt Susan Welch. Bei dem Versuch, ein Problem als klare Frage zu formulieren, erkennt man am ehesten, wo das Grundproblem wirklich liegt.

Im zweiten Schritt geht es darum, die möglichen Lösungen für ein Problem zusammenzutragen und sie dann jeweils nach dem gleichen Schema zu hinterfragen: Welche Folgen hätte diese Entscheidung in 10 Minuten (kurzfristig), in 10 Monaten (absehbar), in 10 Jahren (Zukunft)?

Die »3 x 10-Lösungen« können sehr überraschend sein. Es ist ein bisschen anstrengend, sich das zu überlegen, dennoch hilft es beim klaren Denken. Versuchen Sie es doch einfach einmal!

Ein weiteres wichtiges Thema in diesem Lebensabschnitt ist die sogenannte Entschleunigung. Ein Tempowechsel hat große Vorteile! Viele Menschen wissen noch immer mit diesem Wort nichts anzufangen. Ich habe es seit vielen Jahren in meinem Sprachgebrauch. Zuletzt verwunderte ich damit die Gemeinderäte und den Bürgermeister in Haar, als ich mein »Kunst-am-Bau-Bahnhofsprojekt« vorstellte und ihnen erklärte, dass ich mit meiner Gestaltung die Menschen entschleunigen wollte. Ich habe die Farben und Texte bei diesem Projekt so gewählt, dass sie die Menschen zum Verweilen einladen. Niemand wollte mir glauben, dass es wirken kann. Es kann, davon bin ich überzeugt!

> »Ich habe keine Zeit
> mich zu beeilen.«
>
> *Igor Strawinsky*

Das zehnte Jahrsiebt von dreiundsechzig bis siebzig

Ordnung und Ausbildung der Weisheit

Die Biografielehre nennt dieses zehnte Jahrsiebt »Ordnung und Ausbildung der Weisheit«. Es steht unter dem Zeichen des Elements Erde.

Man lebt nun in einem Abschnitt, in dem man gerne auf sein Leben zurückschaut, aber nicht ohne auch weiter nach vorne zu schauen. Viele Menschen schreiben jetzt ihre Biografie, um den Kindern und Enkeln ein wenig von der Familiengeschichte zu hinterlassen.

Dieses zehnte Jahrsiebt hat etwas ganz Besonderes: die Hoffnung, dass es so weitergeht. Die Fähigkeiten, die man ins Leben mitbekommen hat, und die Stärken, die man sich erarbeitet hat, führen zu einer gewissen Besonnenheit. Nun zeigt sich klar, was wir in diesem Leben erreicht haben, aber es zeichnet sich auch deutlich für uns ab, was wir noch erreichen wollen.

An manchen Tagen in diesem Lebensabschnitt wird man vielleicht etwas wie Angst spüren, weil man merkt, dass die körperlichen und geistigen Fähigkeiten anfangen nachzulassen: Man kann sich nicht mehr erinnern, wo man das Buch hingelegt hat, in dem man eben noch gelesen hat; man vergisst jedes Mal, den Einkaufszettel mitzunehmen; morgens zwickt es beim Aufstehen im Rücken, dann wieder tun die Füße weh oder die Knie … Und an anderen Tagen wird man denken: Unsinn. Ich habe wundervolle Zeiten vor mir. Ich muss nicht mehr hetzen, habe alle Zeit der Welt für was auch immer mir Spaß macht: meine Enkel, das Malen, Gärtnern, Spazierengehen, Ausflüge mit Freunden …

In diesem Alter ist es ganz besonders wichtig, sich auf die eigenen Stärken und Talente zu besinnen, sich zu überlegen: Was hat mir früher so viel Spaß gemacht, dass ich die Zeit darüber vergessen habe? Tun Sie es doch wieder – es ist Ihr Leben!

Heute bin ich nun auch in diesem Alter. Ich habe für mich ein Ritual gefunden, das ich vollziehe, bevor ich mich jeden Tag für die Arbeit an meinem Buch an den Schreibtisch setze. Ich brauche täglich eine feste Zeit, um mich konzentriert einlassen zu können. Der Vormittag ist für mich dafür passend. Bevor ich jedoch beginne, ist mir Ruhe und Stille ganz wichtig. Ich muss mein Unterbewusstsein auf mein Bewusstsein einstimmen. Ich mache mir eine Tasse heißen Kakao, manchmal beginne ich damit, erst einmal zu malen oder zu stricken. Dann schreibe ich wieder Sätze, bei denen ich denke: Das kann gar nicht von mir kommen. Sie sprudeln aus meinem Gedächtnis in meine tippenden Hände.

Daher mag ich auch keine Störungen, weder beim Malen noch beim Schreiben, und habe aus diesem Grund viele Jahre nachts gearbeitet, da hatte ich meine Ruhe. Heute spüre ich aber, dass ich mindestens acht Stunden Schlaf brauche, also suche ich mir jetzt am Tag die Zeit, in der ich ungestört arbeiten kann.

Da bin ich nun selbst mit all meinen Erlebnissen, Fähigkeiten und Erfahrungen. Dankbar bin ich für meine Malerei, die mich seit der Kindheit begleitet, meine Neugierde und die Möglichkeit, vieles von dem, was ich erlebt und erfahren habe, für andere aufschreiben zu können. Und doch bin auch ich dem Rentenalter schon sehr nahe. Natürlich denke ich darüber nach, ob meine finanziellen Polster wohl ausreichen für die kommende Zeit und wenn ich pflegebedürftig werden sollte.

Wenn mein 29-jähriger Sohn von seinem seltsamen Gefühl erzählt, jetzt bald 30 zu werden, muss ich lächeln. Ich denke bereits in Frühlingen, das heißt: Wie viele Frühlinge werde ich noch genießen dürfen?

Mein Mann und ich sind beide noch gerne berufstätig, wir wollten das nicht missen. Jedes Jahr versuchen wir, dem Frühling hinterherzureisen: Zuerst fahren wir nach Südtirol, dort kommt er am frühesten, dann zur Apfelblüte zum Bodensee und anschließend können wir ihn hier zu Hause bei uns in Bayern erleben. Mein Mann hat seine Fotoleidenschaft wiederentdeckt und fängt den Frühling in Bildern ein. Ich möchte einfach nur schauen, staunen und riechen. Darüber muss nun mein

Sohn wieder lächeln. »Mit 30 hättest du das auch anders gesehen«, sagt er.

Ich habe mir noch einmal ein neues Auto gekauft: ganz in Weiß und innen auch sehr hell, so wie ich es mir immer gewünscht habe. Außerdem ist es ein Minivan, sodass ich leichter einsteigen kann und etwas höher sitze beim Fahren. Es könnte sein, dass es das letzte Auto ist, das ich kaufe, daher wollte ich, dass es genauso aussieht, wie ich es mir vorstelle. Und außerdem kann ich jetzt endlich meine Bilder sicher zu Interessenten und Ausstellungen transportieren.

Ich finde es stark, dieses »Alter«. Irgendwie fühlt man sich vogelfrei oder vielleicht eher wie ein Vogel, der sich selbst von oben betrachtet. Ich fange sogar noch einmal an zu überlegen, ob es das richtige »Nest« ist, in dem ich jetzt wohne. Möchte ich hier wirklich meinen Lebensabend verbringen? Wenn man etwas über das Wohnen im Alter liest, fällt oft das Wort »barrierefrei«. Gemeint ist, dass man dann an einem Ort leben sollte, wo es möglichst wenige Treppen zu überwinden gibt und die Räume großzügig geschnitten sind, damit man auch mit einem Rollstuhl nicht ständig irgendwo aneckt. In unserem jetzigen Zuhause ist nichts »barrierefrei«, und die Konsequenz wäre eigentlich, uns eine andere Wohnung zu suchen. Ich möchte ja auch nicht erst umziehen, wenn es so weit ist, dass ich keine Stufen mehr gehen kann. Oder sollten wir uns dann doch Gedanken über betreutes Wohnen machen?

Eigentlich möchte ich diesen Gedanken am liebsten ganz weit wegschieben – wir sind doch noch fit! Und die kleinen Wehwehchen, die uns quälen, können wir mit gesunder Ernährung, Bewegung und notfalls auch mit ein paar Tabletten lösen.

Ein Artikel zu diesem Thema von Wolfgang Huber, damals noch Vorsitzender der Evangelischen Kirche in Deutschland, in der Berliner Zeitung vom 04.04.2008 hat mich beeindruckt und nachdenklich gemacht. Daher möchte ich ihn an dieser Stelle auch zitieren:

»Leben ohne Grenzen?
›... und vor allem: Gesundheit!‹ Das wünschen Gratulanten dem Geburtstagskind. Gesundheit soll das Leben prägen: Mehr soll nicht nötig sein.

Gesundheit ist wichtig, keine Frage. Das Gesundheitsbewusstsein ist gewachsen – und das ist nötig. Dennnoch gibt es immer krasse Fehlentwicklungen. Kinder sind zu dick und bewegen sich zu wenig; oder Mädchen leiden an Magersucht. Nur zwei Beispiele für besorgniserregende Entwicklungen. Aber kommt Gesundheit wirklich ›vor allem‹? Ist das alles, worauf es im Leben ankommt?

Die Werbung redet uns das ein. Tu was für dich! Kauf ein Paar Laufschuhe! Wäre nicht ein Bodystyling-Kurs genau das Richtige für dich? Die paar Euro für den Monatsbeitrag im Fitnessclub sind doch nicht zu viel für deine Gesundheit! Die Botschaft soll heißen: Gesundheit ist machbar – für den, der sie bezahlen kann.

Manche Versprechungen der medizinischen Forschung tuten in dasselbe Horn. Chronische Krankheiten sollen heilbar sein; alternde Organe lassen sich erneuern. Immer länger soll ein Leben in Gesundheit dauern. Die denkbare Lebensspanne soll ausgeschöpft werden. 120 Jahre – wie wär's?

An solchen Versprechungen wollen wir alle nippen. Es ist ja auch völlig richtig, Sport zu treiben und sich gesund zu ernähren. Aber es ist nicht richtig, die Gesundheit zum Idol zu machen. ›Gesundheit – höchstes Gut?‹. Unter diesem Motto stellen die Kirchen den Gesundheitswahn unserer Tage in Frage. In ihrer ›Woche für das Leben‹ weisen sie darauf hin: Krankheit und Tod gehören zum Menschsein dazu.

Manchmal habe ich den Eindruck: Wo es früher noch um das Heil der Seele ging, geht es heute nur noch um den heilen Köper. Unsere Großeltern hofften auf die Erlösung; wir hoffen nur noch auf Gesundheit. Wenn das nicht klappt, fordert man ein schnelles Ende. Denn ein beschädigtes Leben gilt nicht mehr als sinnvoll. Ärzte sehen sich vor die Erwartung gestellt, ihre Patienten von Krankheit und Leiden zu ›erlösen‹. Ein ehemaliger Politiker hat gerade eine ›Todesmaschine‹ konstruieren lassen, mit der ein Kranker das selbst besorgen kann. Eine Schweizer Organisation macht aus der Hilfe zum Suizid ein Geschäft. Ich finde das erschreckend.

Leiden und Tod gehören zu unserem Leben. Wer das leugnet, verfehlt die Wirklichkeit. Es gibt keine Garantie ewiger Jugend. Und kein Mensch ist immerwährend gesund. An uns liegt es, der Lust am Leben mehr Bedeutung zu geben als der Sorge vor Krankheit. Es geht darum, dass wir glauben, hoffen und lieben. Auch an den Grenzen des Lebens.«

Wahrheiten und Unwahrheiten über das Alter

Ja: Im Alter wird man kleiner.

Schon ab dem 25. Lebensjahr beginnen wir wieder zu schrumpfen. Die Bandscheiben zwischen den Wirbeln sind der Grund dafür, sie werden ab diesem Alter immer dünner. Wir merken es aber zum Glück erst viel später. Männer bleiben dennoch größer, Frauen schrumpfen sichtbarer.

Nein: Im Alter nehmen die geistigen Fähigkeiten rapide ab.

Die geistigen Fähigkeiten nehmen nur bedingt ab. Wenn wir unser Gehirn weiter mit Aufgaben und Anregungen »füttern«, bleibt es rege. Durch die Erfahrungen, die wir im Lauf unseres Lebens gemacht haben, denkt unser Gehirn mit der Zeit auch schneller, um Lösungen zu finden. Viele Erfindungen stammen aus einer Zeit, in der der Erfinder selbst schon relativ alt war.

Ja: Im Alter wird man wieder zum Kind.

»Zurück zum Kind« sagt der Volksmund oder »im Alter werden die Alten wieder kindisch«. Das stimmt in gewisser Weise und hat etwas mit Weisheit zu tun: Gelassenheit und Heiterkeit lassen die Menschen wieder fröhlicher, vielleicht auch kindischer sein, weil sie nicht mehr alles so »bierernst« nehmen.

Nein: Alte Menschen haben Angst vor dem Tod.

Nicht immer fürchten ältere Menschen den Tod. Sie sprechen öfter darüber und sind gespannt, wie es wohl sein wird, wenn sie tot sind. Der Tod bleibt sowohl für junge wie für alte Menschen ein Rätsel. Eher ist die damit oftmals verbundene Krankheit ein Thema, über das sie nicht gerne sprechen.

Ja: Die Menschen werden immer älter.

In ein paar Generationen wird es wohl keine Seltenheit mehr sein, 100 Jahre alt zu werden, das beweisen Forschungen des Max-Plack-Institutes.

Nein: Das umziehen im Alter übersteht so mancher nicht.

Doch, wenn man dieses vor dem 80. Geburtstag tut, meinen Soziologen. Viele Rentner und Pensionäre ziehen beispielsweise noch ins Ausland um, und auch der Umzug in ein Seniorenheim erfolgt in immer höherem Alter. Was viele davon abhält, das früher zu tun, ist die Erfahrung, dass man sich unter älteren Menschen »angleicht«. Das heißt: Man hat zu wenig neue Impulse, ist zu wenig gefordert, wenn man nur mit Menschen gleichen Alters zu tun hat.

Ja: Wenn man in Rente geht, kümmert man sich endlich um seine Hobbys.

Das ist nicht immer so, denn viele haben sich während ihres Arbeitslebens kein Hobby zugelegt. Manche finden aber eine neue Aufgabe in einem Ehrenamt und freuen sich dann, helfen zu können, ihre Erfahrungen weiterzugeben und auch wieder gebraucht zu werden.

Nein: »Sport ist Mord!«

Das stimmt so einfach nicht, auch nicht im Alter. Sport hält wach und geistig fit und ermöglicht Gemeinschaft mit anderen – je nachdem, welche Sportart man betreibt.

Jein: Einen älteren Menschen kann man nicht mehr verändern.

Ja und nein, denn es liegt nicht unbedingt daran, dass der Mensch älter wird, sondern daran, dass er so ist, wie er ist. Manche werden im Alter »weicher«, besonnener, liebenswerter, dankbarer – das liegt dann wahrscheinlich wirklich am Alter.

Jein: Alte Menschen nehmen gerne Hilfe von anderen an.

Auch das ist eher etwas, was nicht nur den alten Menschen betrifft: Wenn jemand gelernt hat, in seiner Kinderzeit vertrauensvoll Hilfe anzunehmen, ist er auch bereit, das im Alter zu tun.

> »Freude ist kostbar wie Gold.
> Gold ist aber nicht so kostbar wie Freude.«
>
> *Adalbert Balling*

Das elfte Jahrsiebt von siebzig bis siebenundsiebzig

Ordnung und Ausbildung der Gelassenheit

Die Biografielehre nennt dieses elfte Jahrsiebt »Ordnung und Ausbildung der Weisheit und Gelassenheit«. Es steht unter dem Zeichen des Elements Wasser.

Die Generation der heute zwischen 70 und 77 Jahre alten Menschen ist eine sehr vitale Generation, die noch viel leisten kann. Vielleicht nicht unbedingt körperlich, aber geistig, indem sie den Jüngeren mit ihren Erfahrungen, die sie in ihrem Leben gemacht haben, zur Seite stehen.

In diesem Alter haben die meisten Menschen nun keine Pflichten mehr und spüren eine Freiheit, zu tun und zu lassen, was sie möchten, was sie noch können. Vieles ist leichter geworden für sie und so manche belastende Situation hat ihr Ende gefunden.

Viele schauen nun zurück und spüren dabei: Wichtig ist eigentlich nur, was am Ende dabei herauskommt. »Dabei« meint das eigene Leben. Was zählt, ist also nicht der Weg dorthin, wo man jetzt steht. Beinahe schon vergessen sind die Höhen und Tiefen, Veränderungen, die guten und weniger guten Entscheidungen, der Streit, die Versöhnung. Was zählt ist eigentlich nur, wie es einem jetzt geht.

Natürlich macht es schon einen Unterschied, ob man das Gefühl hat, ein »gutes Leben« geführt zu haben, auf das man gerne zurückblickt und das in einem selbst gute Erinnerungen weckt, oder ob man denkt, man hat gar nicht richtig oder falsch gelebt. Aber grundsätzlich ist es auch jetzt noch möglich, etwas zu ändern. Nicht an der Erinnerung, nicht an dem Gewesenen, aber an dem, wie es im Augenblick ist. Und natürlich auch an dem, was die Zukunft noch bringt. Was könnte das sein?

Die heutigen Menschen über 70 sind bei Weitem noch nicht zu den Alten zu zählen, nur der Jahreszahl nach, nicht jedoch nach ihrer Lebensweise und ihrer Weisheit. Viele sind auch gesundheitlich noch in guter Verfassung und können beinahe all dem weiter nachgehen, was sie gerne tun.

Neben all den Möglichkeiten, die wir in diesem Alter noch haben, dürfen wir jedoch die Augen nicht vor den negativen Seiten verschließen, die auch dazugehören. Das sind wohl neben den üblichen Beschwerden im Alter schwere Krankheiten, die uns heimsuchen können, sodass wir manchmal einen erheblichen Teil unseres Tages im Wartezimmer beim Arzt verbringen. Aber auch damit kann man verschieden umgehen: Man kann diese Zeit als verlorene Zeit sehen, die man gut mit anderen Dingen hätte füllen können. Man kann es aber auch positiv sehen und sie als Möglichkeit begreifen, neue Menschen kennenzulernen und die Gelegenheit zum Gespräch zu haben. Neben der Gesundheit können dabei ja auch andere Themen zur Sprache kommen, die wiederum neue Perspektiven eröffnen.

Ich bin, besonders durch die vielen Jahre in der Hospiz- und Trauerbegleitung, ein neugieriger, stiller und achtsamer Zuhörer geworden. Dabei begegnen mir auch immer wieder achtsame, wache ältere Menschen, die mir zuhören und mein Leben mitverfolgen möchten. So bringe ich das Leben wieder in ihr Leben.

Worte sind wichtig und bedeutsam und sollten nicht achtlos dahingesprochen werden. Ein einziges Wort kann schwerwiegende Entscheidungen nach sich ziehen, Emotionen auslösen, es kann Menschen aufrichten und sie in Verzweiflung stürzen. Wir gehen häufig unachtsam mit Worten um, hören nicht genau hin, was andere sagen, aber auch nicht immer, was wir selbst sagen. Können Sie sich daran erinnern, was Ihre Mutter, Ihr Vater oder Ihre Großeltern Ihnen gesagt haben? Geflügelte Worte, Grundsätze, Regeln, Späßchen? Wir sollten uns etwas häufiger darüber klar werden, dass das, was wir sagen, Gewicht hat – oft viel mehr, als uns bewusst ist. Manchmal überdauern Worte sogar Generationen.

Aber lassen wir doch auch einmal Menschen zu Wort kommen, die sich gerade in diesem Jahrsiebt befinden:

»Ich bin jetzt 82. Wie es sich anfühlt, alt zu werden? Hören Sie mal, ich bin nicht alt.«

Paul Bocuse, Sternekoch

»Und auch wenn sich die Umstände geändert haben, so bleiben doch – wie wir im Iran sagen – die Samenkörner, die wir mit Liebe gesät haben. Sie vertrocknen nicht. Das gibt mir Hoffnung.«

Farah Pahlavi, ehemalige Kaiserin von Persien

»Ich bin heute mit 72 Jahren sehr glucklich. Wahrscheinlich glücklicher, als ich es jemals gewesen bin. Und ich habe vor, 100 zu werden. Ich habe noch so viele Pläne und Projekte.«

Pat Boone, Sänger

»Die Entwicklung der besseren Urteilsfähigkeit ist natürlich eine zweischneidige Sache. Wenn man alles gut beurteilen kann, irrt man sich nicht mehr so oft, und das ist zwar nützlich, aber möglicherweise auch langweilig.«

Peter Zadek, Theaterregisseur

»Was mich tröstet und was mich antreibt, ist, dass ich in meinem Leben viel Liebe erfahren habe und erfahre. Und vor allem, dass ich meinerseits liebe und Liebe geben kann. Meinem Mann und meinem Hund und meinen Enkelkindern und meinem Sohn und dem ganzen Rest der Familie. Das ist für mich weit wichtiger, als geliebt zu werden. Diese Liebe veranlasst mich immer wieder, von mir selber abzusehen und mich auf andere zu konzentrieren: eine wunderbare Erfahrung.«

Isabel Allende, Schriftstellerin

»Ich bin gern unter meinen Freunden. Immer, wenn ich eine – lohnende – Einladung bekomme, nehme ich sie an. Auch, um am Leben zu bleiben.«

Guy de Rothschild

»Die Bestätigung, dass ich in den Augen junger Männer noch begehrenswert bin, ist schmeichelhaft, aber ich mochte immer Männer lieben, die ebenso alt waren wie ich oder älter. Vor allem suche ich nach jemandem, der mir ebenbürtig ist.«

Lauren Hutton, Model

»Rückblickend denke ich, dass ich mich im Laufe meines Lebens nicht sehr verändert habe. Ich habe einen starken Willen und gebe niemals auf.«

Jane Goodall, Schimpansenforscherin

»Ohne meine Filme oder die von Rainer Werner Fassbinder kann die Menschheit ohne Weiteres auskommen. Demgegenüber würden – wenn ich nicht nach Afrika gegangen wäre – zweifellos viele Menschen nicht mehr leben. Was will ich mehr?«

Karlheinz Böhm, Schauspieler, Gründer der
»Stiftung Menschen für Menschen«

»Was es für mich bedeutet, alt zu sein? Ich komme kaum dazu, darüber nachzudenken.«

Rosamunde Pilcher, Schriftstellerin

»Ich glaube fest an das, was ich tue. Ich bin sehr religiös, und ich glaube auch an die Vorhersehung. Ich bin überzeugt, dass ich nur deshalb ein Star geworden bin, um heute meinen Namen für meine Sache nutzen zu können. Dennoch: Mein Weg für die Tiere auf unserem Planeten ist ein Kreuzweg.«

Brigitte Bardot, Schauspielerin, Tierschützerin

»Ein wichtiger Aspekt bei jeder Arbeit und auch im Leben ist, dass sie die goldene Regel befolgt. Ich will Ihnen eine Geschichte erzählen. Rabbi Hillel trifft einen Ungläubigen, der zu ihm sagt: ›Du glaubst an die falsche Religion. Nur das, was ich glaube, und so, wie ich lebe, ist richtig.‹ Rabbi Hillel antwortet: ›Du weißt doch gar nicht, wie ich lebe und woran ich glaube. Soll ich es dir sagen?‹ Darauf der Ungläubige: ›Sag es mir, aber mach es kurz. Ich werde dir nur so lange zuhören, wie ich auf einem Bein stehen kann.‹ Er stellt sich also auf ein Bein und Rabbi Hillel sagt: ›Meine Regel ist: Gehe mit anderen nur so um, wie du möchtest, dass sie mit dir umgehen.‹

Das ist die goldene Regel. Ich versuche, danach zu leben. Und danach zu arbeiten. Es ist meine ganz einfache Form der Philosophie: Ich versuche, respektvoll zu sein.«

Frank Gehry, Architekt

»Geändert hat sich allenfalls, dass mich junge Menschen heute mehr interessieren als früher. Die alten langweilen mich manchmal ein bisschen. Aber vielleicht auch nur, weil ich viele ihrer Gedanken schon kenne.«

Inge Feltrinelli, Verlegerin

»Vom Alter bin ich auf äußerst angenehme Weise überrascht! Ich empfinde es als einen überaus angenehmen Zustand, und mich selbst finde ich so ausgeglichen und glücklich wie nie zuvor in meinem ganzen Leben. Stellen Sie sich vor: Am Ende erlaubt sich Gott die Farce, dass wir eine Art ewiger ätherischer Existenz führen müssen! Nein, das wäre nichts für mich.«

Claude Chabrol, Filmregisseur

»Ich glaube an Gott. Und ich glaube an die Reinkarnation. Mit der Vorstellung, dass Gott alle meine Gebete erhört und für mich sorgt, und mit dem Himmel als eine Art ewigen Club Med als Belohnung und der Dante'schen Hölle als endloser Strafe kann ich nichts anfangen. Ich halte sie für einen idiotischen theologischen Betrug. Wiedergeburt erscheint mir da sehr viel sinnvoller. Gott hat uns geschaffen und hat uns einen freien Willen gegeben. Und was will ein Schöpfer? Er will, dass sein Werk ein eigenes Leben entwickelt.«

Normal Mailer, Schriftsteller

Das zwölfte Jahrsiebt von siebenundsiebzig bis vierundachtzig

– und weit darüber hinaus!

Das Leben ist auch in diesem Alter immer noch schön, auch wenn es manchmal zwickt und zwackt und der Körper nicht mehr alles mitmacht, was man so möchte. Des Öfteren wird man sich dann vielleicht Gedanken machen, was eigentlich jetzt noch kommen soll, was man noch an Neuem lernen und erleben kann. Es ist ein Geschenk, alt werden zu dürfen.

Ich habe eine wunderbare Freundin, die inzwischen 101 Jahre alt ist. Sie ist für mich immer wieder ein Beispiel dafür, wie sehr man auch im hohen Alter noch Freude am Leben haben kann und wie gut man leben kann, wenn man interessiert an den Menschen und Dingen in seiner Umwelt bleibt.

Annemarie

Kennengelernt habe ich Annemarie vor 21 Jahren, als wir in der Volkshochschule Italienisch lernten. Annemarie hatte auch noch einen Englischkurs belegt und war eifrig bei der Sache. Sie hat zwei Töchter. Die eine wohnt ganz in ihrer Nähe, die andere in Kanada. Beide besucht sie gerne und oft. Sie fährt mit ihnen zu Freunden und hat auch sonst eine bunt gemischte Gesellschaft jeden Alters um sich herum, mit der sie unterwegs ist. Sie ist immer gut gelaunt und sehr dankbar für das Alter, das sie erreicht hat. Ihr Lebensmotto lautet: »Ich freue mich jeden Tag, dass ich noch da bin, und es gibt so viele Kleinigkeiten, die mich tagtäglich erfreuen.«

Annemarie hat in den letzten Jahren so manche Krankheit überstanden und die Beeinträchtigungen, die ihr davon geblieben sind, einfach als gegeben hingenommen. Gesundheit ist nicht alles, das ist ihre Erkenntnis.

Sie ist seit vielen Jahren ein Vorbild für mich und ich höre ihr gerne zu, wenn sie aus ihrem Leben erzählt. Nun bat ich sie, mir aufzuschreiben, wie es ihr jetzt geht. Folgenden Brief bekam ich als Antwort:

»Meine liebe Gabriele,

Mein Alltag:
07.00 Uhr Gymnastik
07.30 Uhr Frühstücken mit Zeitunglesen
10.00 Uhr Telefongespräch mit Christiane
Dabei entscheidet sich der spätere Ablauf des Tages. Entweder ein Gang durch Aibling (Zeitung zu Christiane

bringen, kleine Einkäufe, Bank) leider meistens mit Rollator. Oder Christiane holt mich um 12.30 Uhr ab und wir fahren nach Glonn, Grafing oder Brannenburg oder Wasserburg.

Erster Fall:

Nach Rückkehr: Mittagessen bereiten, anschließend Nickerchen, dann lesen evtl. auch Fernsehen.

Zweiter Fall:

Mit Christiane unterwegs. Dabei spielt, wie du weißt, unser Hündchen eine große Rolle; seit die anderen beiden nicht mehr leben, wird es von uns sehr verwöhnt. Es lässt sich das gerne gefallen, ist sehr lieb und brav dabei.

Das war ein kleiner Ausschnitt aus meinem Leben. Hoffentlich kannst du mein Gekrakel lesen. Sonst musst du kommen und ich lese es dir vor.

Es grüßt dich von Herzen

Deine Annemarie

PS: Du wolltest wissen, wie ich mich fühle. Ich freue mich jeden Morgen, dass ich noch lebe, genieße schönes Wetter und elendes Wetter, jeden Baum, jede Blume, liebe Menschen und bin dankbar für alles. Es erfüllt mich ein Gefühl der Gelassenheit. Das ist wohl die sogenannte ›Weisheit des Alters‹.«

> »Das Alter ist für mich kein Gefängnis,
> in das man eingesperrt ist,
> sondern ein Balkon,
> von dem man weiter sieht.«
>
> *Marie Luise Kaschnitz*

Gebet des Apostels Patrick von Irland

Der Herr sei vor dir,
um dir den rechten Weg zu zeigen.
Der Herr sei neben dir,
um dich in die Arme zu schließen,
um dich zu schützen gegen die Gefahren.
Der Herr sei hinter dir,
um dich zu bewahren vor der Heimtücke des
Bösen.
Der Herr sei unter dir,
um dich aufzufangen, wenn du fällst.
Der Herr sei in dir,
um dich zu trösten, wenn du traurig bist.
Der Herr sei um dich herum,
um dich zu verteidigen, wenn andere über dich
herfallen.
Der Herr sei über dir,
um dich zu segnen.
So segne dich der gütige Gott,
heute und morgen und immer.
Amen

Kraftspender

Mit den Jahrsiebten sind wir nun an einem Punkt angekommen, an dem wir erst einmal in Ruhe »verschnau-
fen« wollen und wahrscheinlich müssen. Vieles in unserem eigenen Leben ist uns bewusst geworden und hat
uns vielleicht nachdenklich gemacht: Was haben wir
schon alles erlebt, was wird noch kommen oder was wollen wir unbedingt in dieses Leben noch einfügen?

Immer wieder zeigt sich, dass niemand außer wir
selbst uns dabei helfen kann, wieder auf die Beine zu
kommen. Wie das geht? Indem wir stärkende Augenblicke in uns wachrufen und uns Hilfe und »Kraftspender« suchen.

Damit dies gelingt, möchte ich Ihnen im Folgenden
einige dieser »Kraftspender« anbieten. Bedienen Sie sich
reichlich und nehmen Sie die Ihnen bereits bekannten
Helfer noch mit dazu!

Kraftspender Nr. 1 – Düfte

Düfte sind etwas »Wunder-bares«, im wahrsten Sinne
des Wortes. Während Menschen etwa 10.000 Gerüche
unterscheiden können, können sie nur etwa 50 Prozent
davon korrekt benennen. Durch Training lässt sich die

Trefferquote auf 98 Prozent steigern. Der Geruchssinn ist bei der Geburt vollständig ausgereift. Interessanterweise wird er aber alle 60 Tage erneuert, das heißt, die Riechzellen sterben ab und werden durch Basalzellen erneuert.

Wenn wir etwas riechen, gelangt der Duft vom Riechnerv aus weiter ins Hirn. Normalerweise gelangen Sinneseindrücke über den Thalamus in den Cortex, wo unser Denken und unser Bewusstsein sitzen. Beim Riechen scheint dies jedoch nur eine Nebenstraße zu sein, der Hauptteil der Informationen landet im Limbischen System, dem Sitz der Emotionen. Gerüche können also unsere Stimmung und unsere vegetativen Funktionen wie z. B. Speichelfluss, Blutdruck oder Pupillenweite bestimmen. Düfte haben also durchaus etwas mit dem Leben zu tun.

Und auch mit den vielen Jahrsiebten, die Sie durchleben. »Jugendliche Düfte« passen vielleicht in späteren Jahrsiebten nicht mehr so gut zu Ihnen. Auf der anderen Seite sind für viele Menschen Düfte so etwas wie Erinnerungen. Ein Duft bringt uns sofort wieder in den Urlaub, zu einer bestimmten Person und in Augenblicke, die sich in unserem Unterbewusstsein eingegraben haben.

Düfte und Gerüche können Ihnen daher durchaus bei Entscheidungen helfen. Und sie haben eine resiliente Kraft, weil sie Ihre Stimmung erheitern können. Suchen Sie sich Ihren ganz persönlichen Wohlfühlduft!

So nutzen Sie die Kraft der Düfte

Es ist kein Zufall, dass sich die Wissenschaft immer mehr mit der Kraft der ätherischen Öle und deren wundervollen Düften beschäftigt. Dabei ist das Wissen um die Wirkung der Öle bereits Tausende von Jahren alt. Schon die Römer haben damit ihre Kräfte erneuert.

Erinnern Sie sich? Im 16. und 17. Jahrhundert hatten die feinen Damen immer ihre Duftfläschchen parat, falls sie – wie so oft – in Ohnmacht fallen sollten. Auch darin befanden sich ätherische Öle. Sie haben aufbauend gewirkt und den Kreislauf gestärkt. Und weiter ging es dann mit dem Tanz oder wobei auch immer sonst die Damen das Bewusstsein verloren hatten.

Düfte sind betörend. Über die Nase erreicht der Duft das Gefühlszentrum im Gehirn. Wenn etwas für unsere Nase gut riecht, dann wählt man beispielsweise sein Lieblingsparfum auch aus, weil es positiv auf uns wirkt, und nicht nur, um für andere Menschen anziehend zu wirken. Leisten Sie sich doch einmal die reinen Öle von Rosen, Jasmin oder blauer Iris – ein Tröpfchen genügt.

Düfte haben auch unterschiedliche Wirkungen auf unseren Körper. Sie riechen nicht nur gut, sondern können ihm auch guttun, ihn unterstützen und ihm tatsächlich wieder Kraft geben.

Ätherische Öle übermitteln bestimmte Schwingungen. In der Bachblüten-Therapie oder in der Homöopathie werden diese Schwingungen gezielt eingesetzt.

Dabei kann man drei verschiedene Duftnoten beziehungsweise Schwingungen unterscheiden.

Kopfnoten: erfrischend, anregend, konzentrationsfördernd; setzen innere Energien und Inspiration frei. Helle, leichte, beschwingte Düfte mit kurzer Haftdauer. Beispiel: ätherische Zitrusöle.

Herznoten: harmonisierend, ausgleichend, sinnlich und anregend; gut in hektischen oder anspruchsvollen Situationen; sie beruhigen und setzen emotionale Kompetenz frei. Blumige, liebliche, würzige Düfte. Beispiel: ätherische Blütenöle.

Basisnoten: kräftigend, zentrierend, stabilisierend, erdend; helfen aufzutanken und Energie zu speichern. Schwere, erdige, balsamische, tiefe, lang haftende Düfte. Beispiel: ätherische Harz- und Wurzelöle.

Ich habe Ihnen aus der Vielzahl der hilfreichen Öle einige ausgewählt:

Amyris (westindisches Sandelholz): milder, moosig-grüner Holzduft, warme, samtige Herznote; energetische Reinigung, entspannend, harmonisierend, sinnlich, luftreinigend, antibakteriell;

Bergamotte: heiter, leicht, fruchtig-süß, optimistisch, klar; gegen Verstimmungen, Depressionen, Erschöpfung; wirkt harmonisierend, anregend, stimmungserhellend;

Citronella: frisch, herb, grasartig, beflügelnd; stärkt Konzentration, wirkt als Mückenschutz;

Eukalyptus: frisch, ätzend, grasig; stärkt Konzentration, gut gegen Grippe/Erkältungen, stärkt das Immunsystem, wirkt kräftigend, anregend, desinfizierend;

Fenchel: würzig, krautig, ähnlich dem Anis; wirkt ausgleichend, krampflösend, aktivierend, energetisierend, potenzfördernd;

Grapefruit: frisch, ätzend, fruchtig-herb; wirkt stimmungserhellend, energetisierend, als Bad kühlend und entspannend, lindert Muskelschmerzen, Sportöl;

Jasmin: nachhaltig, süß, warm, sinnlich, wirkt harmonisierend, anregend;

Kamille: nachhaltig, angenehm, tief, sanft reinigend, desinfizierend, wirkt pflegend, beruhigend, entspannend;

Kiefer: frisch, gut gegen Grippe/Erkältungen, wirkt reinigend, vitalisierend, schlaffördernd, erhebend, stimmungshebend;

Lavendel: frisch, kräuterartig, blumig, waldig; gut gegen Nervosität, Grippe/Erkältungen, entspannend, wirkt reinigend, ausgleichend, schlaffördernd, aktiviert Selbstheilungskräfte;

Lindenblüte: lieblich, süß, warm, Herznote, harmonisierend, ausgleichend, sanft heilend, reinigend;

Melisse: frisch-grün, würzig, gut gegen Schlafstörungen, Nervosität, Verstimmungen, Depressionen, Grippe/Erkältungen, Migräne, Angespanntheit; wirkt entspannend, beruhigend;

Nelkenblüte: sinnlich, sexuell anregend, keimtötend, schmerzstillend, krampflösend, gut gegen Zahnschmerzen;

Olibanum/Weihrauch: energetisch stark reinigend, gut zur Meditation, für Gebete und heilige Handlungen; zentrierend, ausgleichend, fördert die Konzentration, energetisierend;

Orange: frisch, ätzend, hell, fruchtig, süß, wirkt erheiternd, beruhigend, ausgleichend, energetisierend, sinnlich, ekstatisch, stärkt die Konzentration, ist schlaffördernd, hautfreundlich, regeneriert Hautzellen, schützt Haut vor Austrocknung;

Patschuli: nachhaltig, herb, würzig, erdig, balsamisch, sinnlich, erotisch, luftreinigend, desinfizierend, pflegend bei trockener Haut, Anti-Stress, harmonisierend;

Rosenholz: warm, rosig, holzig, würzig-süße Herznote, wirkt harmonisierend, pflegt trockene, müde Haut;

Sandelholz: balsamisch, süßlich, samtig-warm, holzig, moschusartig, gut gegen Schlafstörungen, Verstimmungen, Depressionen, Grippe/Erkältungen; wirkt erhebend, belebend, erfrischend, beflügelt die Fantasie, sinnlich, aphrodisierend, besonders hautpflegend, regenerierend, schützend, besänftigend;

Thymian: sehr intensiv, leicht süßlich-würzig, gut gegen Verstimmungen, Depressionen, Grippe/Erkältungen, schützt die Atemwege, luftreinigend, desinfizierend, kreislaufstärkend, kräftigend, besonders hautreinigend, hilft bei trockener Haut, keimtötend;

Vanille: zart, süß, weich, warm, harmonisierend, zum Wohlfühlen, entspannend, sinnlich, schmeichelnd, erhebend;

Wacholder: reinigend, würzig, frisch, waldig, desinfizierend, als Körperöl, lindert er Rheuma- und Arthritisbeschwerden, entschlackend, reinigend;

Ylang-Ylang: narkotisch, betörend, süß, gut gegen Schlafstörungen, Nervosität, wirkt beruhigend, aphrodisierend, potenzfördernd, harmonisierend, hautpflegend;

Zedernholz: harmonisch, angenehm, weich, frisch, leicht herb, sanft reinigend, belebend, erhebend, erfrischend;

Sie sehen: Gegen fast alles hat der Herrgott ein Kraut wachsen lassen – holen Sie sich Ihre Kraft daraus!

Ätherische Öle und Sternzeichen

Pflanzendüfte können die Eigenschaften eines bestimmten Sternzeichens unterstützen, hervorheben oder ergänzen. Die Öle heben dann die positiven Wesenseigenschaften hervor, die ergänzenden Essenzen gleichen negative Tendenzen aus oder ergänzen fehlende Qualitäten.

Sternzeichen: Widder
Element: Feuer
Unterstützendes Öl: Rosmarin
Ergänzende Öle: Pfeffer, Limette, Gewürznelke, Rose, Geranie

Sternzeichen: Stier
Element: Erde
Unterstützendes Öl: Patschuli
Ergänzende Öle: Ylang-Ylang, Jasmin, Sandelholz, Zitrone, Lavendel

Sternzeichen: Zwilling
Element: Luft
Unterstützendes Öl: Minze
Ergänzende Öle: Zitrone, Muskatellersalbei, Verbena, Sandelholz, Narde

Sternzeichen: Krebs
Element: Wasser
Unterstützendes Öl: Iris
Ergänzende Öle: Jasmin, Tonka, Geranie, Ingwer, Zedernholz

Sternzeichen: Löwe
Element: Feuer
Unterstützendes Öl: Gewürznelke
Ergänzende Öle: Neroli, Blutorange, Ingwer, Cistrose, Olibanum

Sternzeichen: Jungfrau
Element: Erde
Unterstützendes Öl: Lavendel
Ergänzende Öle: Myrte, Minze, Olibanum, Jasmin, Bergamotte

Sternzeichen: Waage
Element: Luft
Unterstützendes Öl: Rose

Ergänzende Öle: Magnolie, Veilchen, Neroli, Sandelholz, Zypresse

Sternzeichen: Skorpion
Element: Wasser
Unterstützendes Öl: Jasmin
Ergänzende Öle: Immortelle, Ylang-Ylang, Cistrose, Rose,
Tanne

Sternzeichen: Schütze
Element: Feuer
Unterstützendes Öl: Myrrhe
Ergänzende Öle: Ingwer, Grapefruit, Jasmin, Kamille, Vetiver

Sternzeichen: Steinbock
Element: Erde
Unterstützendes Öl: Zedernholz
Ergänzende Öle: Angelikawurzel, Labdanum, Zypresse,
Mimose, Ylang-Ylang

Sternzeichen: Wassermann
Element: Luft
Unterstützendes Öl: Verbena
Ergänzende Öle: Zitrone, Kiefernnadel, Geranie, Sandelholz

Sternzeichen: Fische
Element: Wasser
Unterstützendes Öl: Immortelle
Ergänzende Öle: Elemi, Jasmin, Wacholder, Zitrone, Muskat

Die sieben Chakren

Chakren sind Kraftzentren, die sich im Energiefeld des
Menschen (der Aura) im Brust- und Rückenbereich ent-
lang der Wirbelsäule befinden. Sie gelten als die Tore der
Kraft. Man kann sie sich als Energiewirbel vorstellen, in
denen sich der durch die Meridiane – Energiekanäle, die

den ganzen Körper durchziehen und die für die Zirkulation der Energie im Körper sorgen – strömende Energiefluss verdichtet. Chakren empfangen kosmische Energie und verwandeln und verteilen diese in die verschiedenen Körperteile und Organe. Sie tragen damit ganz entscheidend zur Harmonisierung der Lebensenergie bei. Jedes Chakra hat seinen eigenen Schwingungsbereich. Nur wenn alle sieben Chakren gleichmäßig schwingen, ist ein Mensch im harmonischen Gleichgewicht und damit gesund.

Jedem Chakra ist ein bestimmter Persönlichkeits- beziehungsweise Tätigkeitsbereich des Menschen zugeordnet. Besondere Bedeutung kommt – vor allem in unserem westlichen Kulturkreis – dem Stirnchakra zu. Wenn hier die Energie frei fließen kann, arbeitet der Verstand klar, und man erkennt die Welt, wie sie ist.

Die folgende Übersicht benennt Energiezentren, ihre Lage und Funktion sowie die ihnen zugeordneten Farben, Steine und ätherischen Öle.

Wurzelchakra, Basischakra (Erstes Chakra), Wurzelzentrum
Farbe: Rot
Stein: Granat
Ätherische Öle: Angelikawurzel, Eichenmoos, Immortelle, Narde, Patschuli, Vetiver, Zypresse

Lage: am unteren Ende der Wirbelsäule, Steißbein, Damm
Funktion: Verbindung zur Erde, Urvertrauen, Stabilität, Wurzel für die Selbsterhaltung, Kraftquelle für alle Aktivitäten, Zentrum der Energieversorgung für den Organismus

Sakralchakra, Bauchchakra (Zweites Chakra), Sexualzentrum
Farbe: Orange
Stein: Karneol
Ätherische Öle: Jasmin, Ho-Blätter, Blutorange, Rose,
Kardamom, Sandelholz, Tonka, Vetiver, Ylang-Ylang

Lage: etwa drei Zentimeter unterhalb des Bauchnabels
Funktion: Zentrum unmittelbarer, frei fließender Emotionen,
der Sinnlichkeit und der sexuellen Energie, Verteilstelle vitaler
Energien, Sitz der schöpferischen Kräfte, der Begeisterung und
des Staunens

Solarplexuschakra (Drittes Chakra), Sonnengeflecht
Farbe: Gelb, Goldgelb
Stein: Citrin
Ätherische Öle: Rosmarin, Pfeffer, Gewürznelke, Kampfer,
Estragon, Koriander, Lavendel, Muskatellersalbei, Myrrhe,
Oregano, Thymian, Zimt, Zitrone

Lage: am Solarplexus
Funktion: Umwandlung grobstofflicher Energie in feinstoff-
liche, Verarbeitung vitaler Impulse, Stimmungslagen und Gefühle, Aktivierung von intellektuellem Verstehen, Steuerung
von Beziehungen und Verbindungen, Sitz der persönlichen
Kraft, des Selbstvertrauens, der Zufriedenheit

Herzchakra (Viertes Chakra), Herzzentrum
Farbe: Grün
Stein: Aventurin
Ätherische Öle: Cistrose, Douglasia, Geranium, Iriswurzel,
Magnolienblüte, Melisse, Mimose, Narzisse, Neroli, Rose,
Rosengeranie, Tuberose

Lage: Herzgegend, in der Mitte des Brustkorbs
Funktion: Quelle der Heilung, Umwandlung vitaler Gefühle in
Mitgefühl und Liebe, Entwicklung von Selbstliebe und

Akzeptanz, Entfaltung des Sinnes für Schönheit und Harmonie, Steuerung der Emotionen, Regulation des Immunsystems

Kehlchakra (Fünftes Chakra), Kehlkopfzentrum
Farbe: Hellblau
Stein: Aquamarin
Ätherische Öle: Cajeput, Eukalyptus, Niaouli, Myrte, Ravensara, Grapefruit, Fenchel, Salbei, Ysop

Lage: an der Kehle
Funktion: Verbindung der körperlichen und seelischen mit den geistigen Zentren, Verteilung der kreativen Energien, Steuerung des individuellen Ausdrucks und der Kommunikation, Transformation von Angst, Quelle von Freude und innerer Weite, Ruhe und Inspiration

Stirnchakra (Sechstes Chakra), »Drittes Auge«
Farbe: Indigoblau
Stein: Lapislazuli
Ätherische Öle: Anis, Eukalyptus citriodora, Kamille, Limette, Zitronellgras, Lorbeer, Melisse, Minze, Muskatellersalbei, Myrte, Verbena, Wacholder

Lage: Stirnmitte, zwischen den Augenbrauen
Funktion: Sitz von intuitivem und rationellem Denken sowie ganzheitlicher Erkenntnis, Ausstrahlung und Steuerung geistiger Energien, Manifestation durch Gedankenkraft, Erinnerungsvermögen, Visionen und Hellsehen

Scheitelchakra (Siebtes Chakra), Kronenzentrum
Farbe: Lila
Stein: Amethyst
Ätherische Öle: Lavendel vera, Minze, Myrrhe, Narde, Sandelholz, Veilchenblätter, Elemi, Rose, Agarholz, Johanniskraut, Olibanum, Ysop

Lage: am obersten Punkt des Kopfes

Funktion: Öffnung des Menschen zum Kosmos, Erfahrung der geistigen und spirituellen Welt, Bewusstwerdung der Alleinheit, Hingabe, Vereinigung, Vollendung

Chakren und Öle auf einen Blick

Wurzelchakra: Patschuli, Vetiver
Bauchchakra: Sandelholz, Ylang-Ylang
Solarplexuschakra: Lavendel (beruhigend), Rosmarin (anregend und bei mangelndem Selbstbewusstsein)
Herzchakra: Rose oder Geranium (für Herz und Gefühl), Melisse (beruhigend)
Kehlchakra: Salbei, Myrte
Stirnchakra: Nana-Minze
Scheitelchakra: Olibanum (klärende Energie), Jasmin (fördert die Hingabe)

Chakraöle gibt es fertig gemischt zu kaufen, man kann sich aber auch selbst entsprechende Öle herstellen. Bei der Auswahl der Essenzen sollten Sie wissen, dass viele ätherische Öle auf mehrere Chakren wirken. Rose wirkt beispielsweise gleichzeitig auf das Herz-, Bauch- und das Scheitelchakra, Sandelholz auf das Bauch- und das Scheitelchakra. Wenn Sie sich nicht sicher sind, welche Öle Sie für ein Chakra mischen sollen, bleiben Sie am besten bei einer einzigen Essenz, die Sie wie folgt verdünnen: 1 bis 5 Tropfen Essenz (je nach Duftintensität, bei Sandelholz können Sie bis zu 10 Tropfen nehmen) auf 10 ml Jojobaöl.

Chakrenmassage

Wenn Sie spüren, dass Ihre Chakren nicht gleich schwingen und Sie sie harmonisieren möchten, ist die Chakramassage dazu eine gute Methode. Diese Massage sollten Sie in entspannter, meditativer Stimmung durchführen.

Sie werden erstaunt sein, wie sehr sich Ihr seelisches Befinden stabilisieren wird. Mit den entsprechenden Pflanzenessenzen können Sie den Effekt der Massage verstärken. Grundsätzlich wichtig ist, dass Sie intuitiv vorgehen.

Eine Bauchchakramassage könnte zum Beispiel damit beginnen, dass Sie sich an einem ruhigen, Ihnen vertrauten Ort entspannt hinlegen und sanfte Musik hören. Beginnen Sie mit der Massage, indem Sie Ihren Bauch mit ein paar Tropfen Bauchchakraöl mit leichten, kreisenden Bewegungen im Uhrzeigersinn einreiben. Schließen Sie nun die Augen und lenken Sie Ihre Aufmerksamkeit auf Ihren Unterbauch. Ihre Hände können dabei sanft auf dem Bauch liegen. Nutzen Sie den Atem, um Ihr Bewusstsein ganz in den Bauchbereich zu bringen. Sie müssen nichts anderes tun, als entspannt dazuliegen und den Atem frei und ruhig fließen zu lassen. Nehmen Sie aufkommende Empfindungen und Gefühle einfach wahr, ohne sie zu werten, und lassen Sie Spannungen durch bewusstes Ausatmen los und aus Ihnen herausströmen.

Chakramassagen können Sie bei sich selbst, aber auch bei Ihrem Partner durchführen. Dazu legen Sie zunächst die Hand auf das Chakra, das Sie ausgewählt haben. Konzentrieren Sie sich ganz auf Ihre Empfindungen – ob Sie nun angenehm, warm, stark, pulsierend oder unangenehm, kühl oder schwach sind. Massieren Sie nun mit fünf bis zehn Tropfen des betreffenden Chakraöls den Bereich um das jeweilige Chakra mit sanften, kreisenden Bewegungen.

Ob bei einer Selbst- oder Partnermassage können Sie nach zehn bis fünfzehn Minuten nochmals Ihre Hände auf das Chakra legen, um Ihre Gefühle und inneren Schwingungen wahrzunehmen. Vielleicht spüren Sie, dass sich etwas verändert hat.

Kraftspender Nr. 2 – Spiele

Fast jeder hat inzwischen einen Computer zu Hause. Kennen Sie das Spiel »Solitär«? Ich spiele es oft, um einen Ausgleich in stressigen Momenten zu finden. Spielen ist etwas Wunderbares, das uns hilft, neue Kräfte zu sammeln. Leider haben wir es als Erwachsene oft verlernt. Nicht selten liegt die Schwierigkeit darin, dass man auch das Verlieren wieder lernen muss. Es gibt Menschen, die können nicht verlieren, dabei ist das etwas, das wie das Atmen zu unserem Leben gehört. Man kann einfach nicht überall und immer gewinnen. Und wenn man verliert, gewinnt man dabei auch noch etwas: eine Erfahrung.

Spielen schult fürs Leben, ob man nun alleine spielt und nach langem Überlegen eine Lösung für ein kniffliges Problem findet, ob man gemeinsam mit anderen in einem Team spielt und lernt, was dabei zu beachten ist, oder ob man tatsächlich wieder einmal draußen herumtobt und die Grenzen, aber auch das Können des eigenen Körpers erfährt.

Und immer ist Spielen wie ein kleines Abenteuer. Wenn man durch die eigenen geistigen oder körperlichen

Fähigkeiten einen Sieg erringt, macht das Mut fürs »richtige« Leben.

Bei vielen Spielen muss man vorausschauend agieren, man muss drei oder vier nächste Schritte im Kopf durchspielen können, taktisch denken, abstrahieren, aber auch diplomatisch und manchmal sogar ein bisschen hinterlistig sein, um das Ziel zu erreichen. Sie sehen: Spielen hat viel mit unserer Lebenswirklichkeit zu tun. Hier ein paar Ideen:

Wohlfühlpuzzle

Vor ein paar Jahren habe ich ein Puzzle erfunden. Es ist ganz einfach und hat keine Einbuchtungen oder Nasen wie die herkömmlichen Puzzles. Daher sind der Kreativität keine Grenzen gesetzt. Man muss also nur die viereckigen, farbig gemusterten Blättchen in verschiedene Richtungen drehen, um immer wieder ein neues Muster zu erhalten. Sie können selbst kreativ werden und die Farben so wählen, dass sie Ihrer momentanen Stimmung entsprechen. Sind Sie schlapp und müde, können Sie nur die roten Blättchen heraussuchen und sie nach Ihrem Geschmack zusammensetzen, ganz ohne Ziel und ohne Druck – es soll Ihnen nur helfen, wieder auf die Beine zu kommen.

Möchten Sie zur Ruhe kommen oder Freude in Ihr Leben lassen, entscheiden Sie sich für die Blättchen in Blau oder Gelb.

Wenn Sie aber Lust auf ein »wirkliches« Bild haben, so nehmen Sie einfach das Musterbild, aus dem das Puzzle entstanden ist, und versuchen es nachzulegen. Dieses Spiel wird nie langweilig, da es unzählige Farbkombinationen und Muster gibt, die Sie immer neu ausprobieren können.

Mikado

Erinnern Sie sich an dieses Geschicklichkeitsspiel? Sie können es alleine oder auch zu mehreren spielen. Man hält die verschieden gekennzeichneten Holzstäbchen in der Hand und lässt sie auf der Tischplatte auseinanderfallen. Dann versucht man, ohne zu wackeln, die einzelnen Stäbchen herauszufischen. Wenn sie dennoch wackeln, ist der nächste Spieler dran. Wer am Ende am meisten Stäbchen hat, hat gewonnen.

Mensch ärgere dich nicht

Dieses Spiel ist auch nicht mehr ganz neu, aber es macht einfach immer wieder Spaß. Manchmal hat man das Gefühl, auf dem Spielbrett das eigene Leben zu »spielen«, denn auch dazu gehört es, immer wieder von vorne anzufangen, sich nicht zu ärgern, wenn andere besser sind als wir selbst oder uns sozusagen aus dem Rennen kippen. Es ließen sich sicher noch ein paar mehr Parallelen zum Leben finden … Jedenfalls ist es ein Spiel, das die Resilienz stärkt, weil es uns zeigt: Nur, weil man aus dem Spiel fliegt, heißt das noch lange nicht, dass man verloren hat. Ein Neuanfang ist immer möglich. Und nicht zuletzt steckt darin die Botschaft: Gib nicht auf!

Spiele lenken vom Alltagstrubel ab und lassen Sie Kraft schöpfen, schenken Ihnen Erfolgserlebnisse und gerade bei Gesellschaftsspielen auch Gemeinschaft.

Es gibt viele moderne Spiele, bei denen man Städte bauen oder die Besiedlung neuer Länder planen muss. Sie bieten immer wieder Möglichkeiten, unsere (geistige) Kraft zu stärken und Ungewöhnliches in die Tat umzusetzen. Spiele haben viel mit Psychologie zu tun, und wie beim »Mensch ärgere dich nicht« kann man bei den meisten auf dem Spielbrett ein paar Lektionen für das Leben lernen: wie man gewinnt und verliert, wie man taktisch und diplomatisch agiert, wie man etwas aufbaut, einen Neubeginn wagt, etwas riskiert (und wann das sinnvoll ist oder einfach nur übermütig), wie man eigene Ideen in die Tat umsetzt und vieles mehr.

Kraftspender Nr. 3 – Bekannte und Freunde

Ich finde es wichtig, Freunde von Bekannten zu trennen. Wahrscheinlich reichen Ihre Finger aus, um daran Ihre Freunde abzuzählen. Bekannte dagegen hat man meist sehr viele: gute, schlechte, notwendige, zufällige, berufliche, flüchtige, ferne, ehemalige …

In Freunde und Bekannte zu trennen heißt aber nicht, dass nur die Freunde zählen und Bekannte für unser Leben unwichtig sind. Alle sind wichtig! Alle gehören zu unserem sozialen Netz, das für uns lebenswichtig ist.

»Social network«, dieses Wort haben Sie sicher schon einmal gehört – ohne dieses Neudeutsch geht es scheinbar nicht mehr. Es bedeutet im weitesten Sinn das »Auffangnetz«, das eigentlich jeder Mensch braucht. Es ist nicht nur von Bedeutung, wenn es uns schlecht geht, sondern auch in unseren »guten Zeiten«, weil wir uns hier austauschen können und Menschen finden, die ähnliche Interessen haben wie wir selbst. Neben Vereinen aller Art und »Zweckgemeinschaften« wie der Krabbelgruppe, den Kindergarteneltern usw. gehören heute vor allem auch die »virtuellen Gemeinschaften« wie Facebook, studivz oder Xing dazu. All diese sozialen Netzwerke bieten praktische, emotionale und kognitive Unterstützung in Belastungs- und Krisensituationen, aber auch im ganz normalen Alltag.

Trotz all dieser Möglichkeiten sind der engere Familien- und Freundeskreis überaus wichtig und nicht durch einen virtuellen Bekanntenkreis ersetzbar, weil man gemeinsame Erlebnisse teilt, die wirklich stattgefunden haben. Vor allem Freunde und Familie sind es, die nicht nur in den guten Zeiten unseres Lebens tragen, sondern gerade auch in den schlechten. Man hat einander beigestanden und gemeinsam eine Lösung gefunden. Freunde sind, manchmal noch vor dem Lebenspartner, ganz enge Vertrauenspersonen. Manche von ihnen kennen wir schon beinahe unser ganzes Leben lang. Gemeinsame Erlebnisse aus der Kindergartenzeit, aus dem Internat, der Schule, dem Studium, die Erfahrungen erster Verliebtheit und Trennungen, heitere Feste und traurige Ereignisse sind etwas, was uns eng verbindet und zusammenschweißt. Oft sind Freunde Menschen, die uns besser kennen als unser Partner, manchmal sogar als wir selbst – und uns trotzdem oder gerade deswegen lieben. Eine Freundschaft wächst – ein Bekanntenkreis erweitert sich. Freundschaften muss man pflegen, sonst verkümmern sie. Gute Freundschaften halten wie eine Seelenverwandtschaft und belasten nicht.

Freunde gehen mit einem durch Dick und Dünn, sagt man. Aber über Freundschaft gibt es noch sehr viel mehr zu sagen, wie die folgenden Zitate von berühmten und weniger berühmten Menschen zeigen:

> »Ein Freund aller ist niemands Freund.«
> *Aristoteles*

> »Was ist ein Freund? Eine einzige Seele, die in zwei Körpern wohnt.«
> *Aristoteles*

> »Freundschaft ist wie Geld: leichter zu erwerben als zu behalten.«
> *Samuel Butler*

> »Freundschaft ist Liebe ohne ihre Flügel.«
> *George Byron*

> »Es gibt wenig aufrichtige Freunde – die Nachfrage ist auch gering.«
> *Marie von Ebner-Eschenbach*

> »Wähle einen Freund langsam, wechsle ihn noch langsamer.«
> *Benjamin Franklin*

»Die Welt ist so leer, wenn man nur Berge, Flüsse und Städte darin denkt; aber hier und da jemanden zu wissen, der mit uns übereinstimmt, mit dem wir auch stillschweigend fortleben, das macht dieses Erdenrund erst zu einem bewohnten Garten.«

Johann Wolfgang von Goethe

In diesem Sinne wünsche ich Ihnen viel Vergnügen bei der Entscheidung, wer für Sie Bekannter und wer Freund ist.

Kraftspender Nr. 4 – Trauerbegleitung

Als Hospizgründerin und langjährige Trauerbegleiterin weiß ich, dass Trauerbegleitung eine große Kraftspende für die Menschen sein kann, die allein zurückbleiben. Oft kostet es die Hinterbliebenen große Überwindung, diese Hilfe anzunehmen, weil es vielen schwer fällt, sich einem fremden Menschen zu öffnen. Für manchen stellt sich dann wohl auch die Frage: Wie soll mir die Trauerbegleiterin/der Trauerbegleiter helfen können, wenn er meinen geliebten verstorbenen Menschen nie gekannt hat?

In den letzten zwanzig Jahren habe ich viele begleitet, die in dieser Situation waren. Auch heute noch wundere ich mich darüber, warum Trauernde diese oft sogar kostenlose Hilfe nicht wenigstens einmal ausprobieren. Dabei kann es so viele Schmerzen, Trauer und Leid lindern.

Wenn ein geliebter Mensch stirbt, so sterben wir ein Stück mit. Nichts ist mehr, wie es vorher einmal war. Ungelebte, nicht verarbeitete Trauer ist dann wie ein Stein, den wir mit uns herumschleppen und der uns an der freien Entfaltung unseres Lebens hindert. Indem wir aktiv trauern, verhindern wir die Blockierung unserer Lebensenergie. Deshalb ist Trauer auch Arbeit, und in dieser Arbeit verändern nicht nur wir selbst uns, es verändert sich auch unsere Beziehung zu dem Menschen, den wir verloren haben.

Die Gesellschaft, in der wir leben, möchte den Tod noch immer am liebsten ausklammern aus dem Leben, ihn zumindest »unsichtbar« machen, indem man Tote, so schnell es geht, von den Lebenden trennt. Man möchte ihn sozusagen totschweigen. Das funktioniert aber nicht. Dem Tod davonlaufen zu wollen heißt, dem eigenen Leben davonzulaufen, denn Leben ohne Tod gibt es nicht. Wer den Tod verdrängt, der verdrängt auch einen Teil seines Lebens, lebt nicht das Leben, wie es wirklich ist, sondern nur eine Täuschung.

Die Angst vor dem Tod ist allen Menschen gemein. Wer sagt, er habe keine Angst davor, tut das meistens nur, wenn der Tod nicht unmittelbar bevorsteht. Wer sich mit dem Tod beschäftigt, bewältigt vielleicht seine Angst, doch verlieren wird er sie nicht gänzlich, sie gehört einfach zu unserem Leben dazu. Das spürt man auch in Krankenhäusern, beim pflegenden Personal wie bei den Ärzten – den Tod möchte man nicht in seiner Nähe haben. Je angestrengter wir versuchen, den Tod aus unserem Leben hinauszudrängen, desto fremder wird er uns, werden wir uns selbst.

In den letzten Jahren kann man beobachten, dass es vielerorts Bemühungen gibt, den Tod als natürlichen Bestandteil des Lebens wieder in unseren Alltag zu integrieren. Die Hospizbewegung und auch die Palliativmedizin stehen beispielsweise dafür ein.

Eine Möglichkeit, den Tod und auch die Trauer wieder bewusster zu leben, sind Rituale. Sie sind wichtig, um Veränderungen und Realitäten wie den Tod im wahrsten Sinn des Wortes zu be-greifen. Es genügt daher nicht, eine Schaufel Erde auf den Sarg zu werfen, und auch der sogenannte Leichenschmaus ist nicht ausreichend, weil es die Menschen zwar bei der Beerdigung auffängt, nicht aber in der Zeit der Trauer, die eigentlich erst danach beginnt. Viele glauben aber noch immer, dass mit der Beerdigung auch die Zeit der Trauer vorbei sei. Sie möchten, dass die Hinterbliebenen wieder »funktionieren«, wieder »normal« sind, damit sie nicht mehr an den Tod erinnert werden. Sie wissen nicht, wie sie mit dem Menschen umgehen sollen, der trauert, der so anders ist als vorher. Also schweigen viele darüber und sprechen auch die Trauernden nicht mehr darauf an. Deshalb fühlen sich viele trauernde Menschen alleingelassen.

Rituale sind einerseits eine Möglichkeit, einen würdigen Abschied zu feiern, andererseits bilden sie auch eine Brücke zum verstorbenen Menschen. Rituale geben Geborgenheit in dieser schweren Zeit. Sie verbinden Vergangenheit, Gegenwart und Zukunft und weisen so den Weg in ein neues Leben ohne den geliebten Menschen.

Wer schmerzhafte Gefühle verdrängt, weicht der notwendigen Trauerarbeit aus. Für den Prozess der Trauer ist es wichtig, die Gefühle zuzulassen und sie zu durchleben. Deshalb wird ein Trauerbegleiter Trauernde immer ermutigen, ihre Gefühle auszudrücken. Dazu gehören auch Emotionen wie Wut, Aggression und Schuldgefühle, was vielen Menschen am Anfang sehr schwer fällt zu akzeptieren.

Die Trauer um einen geliebten Menschen hört niemals auf, sie wird nur irgendwann schwächer, erträglicher, vielleicht verwandelt sie sich auch. Der Tote wird immer ein Teil des eigenen Lebens bleiben, selbst wenn manche Menschen sich auch wieder öffnen und das Leben neu wahrnehmen, noch einmal neu leben können. Manche, die ihren Partner verloren haben, finden in eine neue Beziehung. Für mich als Trauerbegleiterin gibt es nichts Schöneres, als das zu erleben.

Viele Institutionen von Bestattungsunternehmen über Akademien bis hin zu professionellen Trauerbegleiterinnen und Trauerbegleitern bieten Hilfen zur Trauerbewältigung an. Eine große Chance sind auch Selbsthilfe- und/oder Trauergruppen. Manche sind für alle Trauernden offen, manche nur für Menschen, die einen ganz bestimmten Verlust erlitten haben, denn wer seinen Partner verloren hat, trauert anders, als jemand, der sein Kind verloren hat. In solchen Gruppen können Trauernde die Isolation durchbrechen, in der sie sich oft in den Wochen nach der Beerdigung befinden. Sie können sich austauschen und sich gegenseitig Kraft spenden, über ihre Ge-

fühle sprechen und vielleicht sogar ein neues Selbstwertgefühl entwickeln, wenn sie spüren, dass sie anderen
Teilnehmern aus der Gruppe helfen können.

Als sehr hilfreich hat sich auch die Gründung von
Trauerstammtischen erwiesen. Viele der Teilnehmer gehen nach den Gruppenterminen dorthin. Daraus haben
sich, wie ich beobachten konnte, viele Freundschaften
ergeben. Einige fahren nun sogar gemeinsam in Urlaub
und unternehmen etwas in ihrer Freizeit.

Nach einiger Zeit der Begleitung spüre ich, dass die
Gespräche seltener werden, dass ich nicht ständig zur
Verfügung stehen muss. Gelegentliche Besuche reichen
dann, die aber den Trauernden das Gefühl geben, dass
ich in Notlagen immer für sie erreichbar bin.

Nehmen Sie diese Hand, die Ihnen gereicht wird –
wenn auch nicht für lange Zeit ... Eine gelungene Trauerbegleitung ist Hilfe zur Selbsthilfe.

Kraftspender Nr. 5 – Sich etwas Gutes tun

In meinem Buch »Wenn plötzlich alles ganz anders ist –
Veränderungen mit Ritualen meistern« habe ich bereits
darauf hingewiesen, dass es nichts mit Egoismus zu tun
hat, wenn man sich etwas Gutes gönnt. Sie müssen dabei auch kein schlechtes Gewissen haben. Sie können
sich ganz einfach für etwas belohnen, was Sie geschafft

haben, und wenn es nur die täglichen Haushaltspflichten sind. Dabei muss die »Belohnung« oder das Gute, das Sie sich tun, gar nichts Großes sein. Vielleicht geben Sie nur 10 Cent für einen Kaugummi aus dem Automaten aus, wenn Ihnen danach ist. Auch über solche Kleinigkeiten kann man sich freuen wie damals, als man noch Kind war. Jeder hat seine ganz eigenen Vorlieben, ganz eigene Dinge, die sein Herz erfreuen, und mögen sie noch so klein oder ausgefallen sein.

Mein Favorit, wenn ich mir etwas Gutes tun möchte, ist der Besuch in einem Biergarten. Dazu eine Zeitung, ein Platz im Halbschatten unter einem Kastanienbaum, ein halber Liter »Russe« (ein bayerisches Getränk, halb Weißbier, halb weiße Limonade) und eine schöne Brez'n. Am liebsten ist mir ein Biergarten, in dem nur wenig los ist und der etwas abseits liegt. Wenn ich dort auch noch zu einer Zeit sitzen kann, in der andere Menschen arbeiten – wundervoll, ein Genuss!

Folgen Sie einfach Ihrer inneren Stimme bei dem, was Ihnen im Moment guttun könnte. Das sind vielleicht auch Dinge, die Sie zuletzt als Kind getan haben: ein Spaziergang im Regen, das Springen über eine Pfütze, einen Luftballon steigen oder Steine über das Wasser hüpfen lassen ... Sie selbst wissen am besten, was Ihnen guttut und was gerade das Richtige für Sie ist. Aber Sie müssen es auch selbst tun, das kann kein anderer für Sie übernehmen.

Kraftspender Nr. 6 –
Anderen etwas Gutes tun

Viele Menschen übernehmen ein Ehrenamt erst, wenn sie pensioniert oder in Rente sind. Vorher sind sie so sehr mit ihrem eigenen Leben und den damit verbundenen Sorgen und Nöten beschäftigt, dass sie gar keine Zeit und auch emotional wenig Sinn für eine solche Tätigkeit haben.

Es muss aber auch nicht immer gleich ein Ehrenamt sein. Oft gibt es innerhalb der eigenen Familie schon viel zu tun für andere, gerade wenn jemand schwer erkrankt ist oder sich wegen seines Alters nicht mehr selbst helfen kann in allen Dingen. Das gilt aber auch, wenn die Kinder klein sind und man die Eltern ab und an entlastet.

Es gibt noch viel mehr Gelegenheiten, im Alltag für andere da zu sein. Oft hilft es schon, jemandem einfach einmal zuzuhören, ihn in den Arm zu nehmen oder ihm einen Rat zu geben, selbst wenn er diesen dann nicht annimmt. Helfen macht glücklich! Und es gibt viele Gelegenheiten, zu helfen – man muss nur die Augen und das Herz dafür öffnen.

Kraftspender Nr. 7 – Wandern

Für mich ist Wandern etwas Wunderbares. Ganz besonders gern gehe ich allein auf Wanderschaft und genieße dann die Natur, die Bewegung und meine Freiheit.

Mittlerweile ist Wandern wieder zu so etwas wie einem Volkssport geworden. Ob als Pilger oder eher als Sonntagswanderer, ob im Gebirge oder im Flusstal, mit oder ohne Gepäck – es gibt viele Möglichkeiten, draußen unterwegs zu sein.

Eigentlich ist es für den Menschen eine der natürlichsten Fortbewegungsmöglichkeiten. Schon unsere Urahnen sind – damals noch als Nomaden – gewandert und haben sich so ihre Umwelt erschlossen. Wandern kann man in jungen Jahren genauso wie im Alter. Wenn man dabei die Ziele, die man sich setzt, seinem Alter und Können anpasst, ist es eine Art von Sport, die die Gelenke schont, den Kreislauf in Schwung bringt und das Immunsystem stärkt – also eine rundum gesunde Sache. Zudem kann man beim Wandern vieles entdecken: Tiere, Pflanzen, Landschaften ... Und wenn man nicht allein, sondern mit mehreren unterwegs ist, bietet das Wandern eine tolle Möglichkeit, miteinander ins Gespräch zu kommen. Im Gehen denkt und spricht es sich oft leichter.

Heute findet man in fast allen Regionen Deutschlands gut markierte und ausgewiesene Wanderwege. Da gibt es lange und kurze Touren, steile und ebene, berühmte und weniger bekannte, sodass sich jeder das für ihn Passende heraussuchen kann. Zum Wandern muss man aber nicht unbedingt erst weit anfahren. In den meisten Orten finden Sie sozusagen direkt vor Ihrer Haustür eine Möglichkeit dazu. Fragen Sie einmal bei der Gemeinde nach, falls Ihnen die Wanderwege vor Ort nicht vertraut sind.

Kraftspender Nr. 8 –
Löcher in die Luft schauen

»Tagträume sind ein unschätzbares Geschenk –
Ruhepausen für das Gehirn und Quellen
grenzenloser Hoffnung«

Paul Wilson

Man nennt sie auch Tagträume, diese Löcher, die man manchmal in die Luft starrt. Ich denke, es gibt niemanden, der das nicht schon einmal genossen hat. Tagträume sind eine wundervolle Sache, aber leider bleibt uns viel zu selten Zeit und Muße dazu.

Beim Träumen kann man eigene Pläne und Projekte schon einmal in Gedanken durchspielen, ohne dabei ein Risiko einzugehen. So findet man manchmal eine Lösung für eine schwierige Frage, sozusagen beinah »im Schlaf«. Tagträume machen Sie nicht nur kreativ, sondern sie wirken sich auch positiv auf Ihre Gesundheit aus.

Den Unterschied zwischen Menschen, die tagträumen können, und denen, die so etwas für Zeitverschwendung halten, können Sie ganz leicht erkennen: Die Träumer wissen jede Sekunde zu nutzen. Es stört sie nicht, wenn der Zug Verspätung hat oder sie im Wartezimmer beim Arzt sitzen müssen. Träumer machen einfach die Augen zu und sind schon an einem anderen Ort. Die Gedanken fliegen frei wie ein Vogel – vielleicht in den letzten Urlaub oder zum nächsten Weihnachtsfest. Menschen, die Träumen für Zeitverschwendung halten, blättern in solchen Situationen hektisch in einem Buch oder einer Zeitschrift. Immer haben sie etwas zu tun, nie sind ihre Hände leer. Und dennoch sind Träumer kreativer und vielleicht sogar gesünder.

Mithilfe der funktionalen Magnetresonanz-Tomografie beobachteten amerikanische Wissenschaftler, wie und unter welchen Umständen das Gehirn in den sogenannten Tagtraummodus umschaltet. Ihre Erkenntnisse stellt die Gruppe um Malia F. Mason von der Harvard-Universität im Fachjournal »Science« vor. Die Hirnforscher beobachteten die Gehirne von Versuchsteilnehmern, die zunächst mit Routineaktivitäten beschäftigt waren und anschließend neue, anspruchsvollere Aufgaben bewältigen mussten.

Dabei zeigte sich, dass eine bestimmte Region im menschlichen Gehirn besonders aktiv war, wenn die Testpersonen monotone Arbeiten erledigten. Während dieser Tätigkeiten gerieten sie nach den Angaben der Testpersonen häufig ins Tagträumen. Wenn sie geistig herausgefordert waren, schweiften die Probanden deutlich weniger gedanklich ab. Gleichzeitig war die Hirnregion, die während langweiliger Arbeiten aktiv war, deutlich passiver.

»Welchen Sinn das Umherwandern der Gedanken in Ruhephasen hat, wissen Mason und ihre Kollegen allerdings nicht genau«, schreibt das Fachjournal »Science« über diese Forschungsergebnisse. »Möglicherweise hält es das Gehirn in einer Art Stand-by-Modus, sodass es sofort reagieren kann, oder es dient als eine Art geistige Zeitreise, die ständig Vergangenheit, Gegenwart und Zukunft in einen Gesamtzusammenhang einordnet. Vielleicht, vermuten die Forscher, gibt es aber auch keinen tieferen Sinn dahinter, und das Gehirn lässt die Gedanken einfach deswegen umherwandern, weil es dazu in der Lage ist.«

Für mich sind Tagträume eine wunderbare Zeitreise. Ich bin ganz weit weg und erschrecke fast, wenn mich jemand »zurückholt«. Die Reise ist immer sehr sanft und dunstig und erholsam und doch interessant.

Doch auch wenn viele der Gedanken, die uns beim Tagträumen in den Kopf kommen, sinnvoll sein können, müssen sie nicht unbedingt zielgerichtet sein. Ich liebe Tagträume – einfach der Entspannung wegen ...

Daher wünsche ich Ihnen nun viele Tagträume, die Sie hoffentlich Wirklichkeit werden lassen können!

Kraftspender Nr. 9 – Lesen

Leser sind neugierige Menschen, die immer neue Geschichten hören wollen, immer noch mehr wissen möchten. Lesen ist wie »Kino im Kopf«, vielleicht sogar noch ein bisschen besser, weil man sich beispielsweise die Figuren selbst vorstellen muss, man bekommt sie nicht wie im Kino »serviert«. Lesen fördert die Fantasie und Kreativität, lesen macht es möglich, in Länder zu reisen, die man noch nie besucht hat (und vielleicht auch nie im Leben besuchen wird), Orte zu besuchen, die es nur im Kopf des Autors und dem des Leser gibt. Beim Lesen kann man sich so in die Handlung und in die Figuren vertiefen, dass man beinahe das Gefühl hat, in diesem Buch zu leben. So kann man Lebenserfahrungen »im Kopf« sammeln, obwohl man sie in der Wirklichkeit nicht gemacht hat.

Bücher schenken uns aber nicht nur den Blick in andere Welten, sie können uns auch stärken und Kraft schenken und in schweren Zeiten sogar so etwas wie eine Zuflucht sein: Hier kann man die schreckliche Wirklichkeit für ein paar Stunden vergessen und sich in eine Fantasie hineindenken, wo die Welt noch in Ordnung ist. In dieser Hinsicht ist das Lesen mit dem Tagträumen verwandt, und ähnlich wie beim Träumen findet man manchmal auch in Büchern die Lösung für die eigenen Probleme, sei es in einem Sachbuch oder einem Roman. In dieser Hinsicht können Bücher auch die Resilienzfähigkeit eines Menschen stärken.

Gehen Sie daher auf die Suche nach Büchern, die Ihnen guttun und weiterhelfen. Wenn Sie selbst nicht genau wissen, welche Art von Buch das sein könnte, suchen Sie eine kleinere Buchhandlung auf und lassen Sie sich von der Buchhändlerin oder dem Buchhändler beraten. Sie werden Ihnen gerne weiterhelfen.

Kraftspender Nr. 10 – Spirituelles Gespräch

Was ist das eigentlich: spirituell? Was bedeutet Spiritualität? Dazu gibt es sehr viele verschiedene Definitionen. Der Psychologe Rudolf Sponsel versteht Spiritualität beispielsweise als mehr oder minder bewusste Beschäftigung »mit Sinn- und Wertfragen des Daseins, der Welt und der Menschen und besonders der eigenen Existenz und ihrer Selbstverwirklichung im Leben«. In anderen Büchern oder im Internet werden Sie dazu vielleicht ähnliche, aber doch wieder ein bisschen andere Definitionen finden. Wichtig scheint mir, dass Spiritualität nicht an eine bestimmte Konfession gebunden ist, sondern eher eine religiöse Lebenseinstellung meint. Spirituelle Menschen beschäftigen sich in ihrem Leben nicht nur oder ausschließlich mit dem, was ist, was man anfassen, beweisen, definieren kann, sondern auch mit transzendenten Dingen. Sie geben Gott oder einem göttlichen Sein in ihrem Leben eine zentrale Stellung und einen zentralen Wert und verstehen ihn als die höchste Wirklichkeit. Auch wenn dieses göttliche Sein nicht mit Händen zu greifen ist, ist es dennoch in irgendeiner Weise erfahrbar und gibt den Menschen in ihrer Lebensgestaltung Orientierung.

Ich selbst bin mit der Überzeugung aufgewachsen, dass es mehr gibt zwischen Himmel und Erde, als der Mensch je erfahren kann. Man wird nie alles begreifen können, sondern vieles nur erahnen und in seinen ganz persönlichen Glauben einordnen. Man muss keiner Religion angehören, um ein spirituelles Leben zu führen. Nach für mich wichtigen Werten zu leben, das Wissen zu haben, ein Teil des Göttlichen zu sein und das mit meinen Mitmenschen mitfühlend zu teilen, habe ich mir zum Ziel gemacht. Ist das für Sie auch spirituell?

Ein spirituelles Gespräch ereignet sich einfach. Das

heißt: Man plant es nicht, es wird auch niemandem aufgezwungen, sondern schwingt einem entgegen. Es ist eine Begegnung, in der es nicht um das Austeilen von Weisheiten oder Ratschlägen geht, sondern nur um das Bewusstwerden. Ein spirituelles Gespräch trifft einen Menschen aus heiterem Himmel und eher zufällig.

Manchmal sind spirituelle Gespräche erst möglich, wenn Menschen in Not sind oder ihnen gravierende Lebensveränderungen bevorstehen, weshalb sie auf der Suche nach Hilfe und Trost sind. Viele sind erst dann bereit, die Hilfe anzunehmen, die oft in einem Gespräch steckt.

»Sprich nur ein Wort und meine Seele wird gesund« – so steht es in der Bibel. Aber auch ohne die Bibel gelesen zu haben, wissen viele Menschen, wie viel Wahrheit in dieser Aussage steckt. Beispielsweise, wenn jemand sich nach langem Streit entschuldigt, wenn sich jemand bedankt oder verzeiht. Dann spüren wir, dass Worte heilen können.

Manchmal hat man den Eindruck, dass sich tatsächlich ein Bewusstseinswandel ankündigt. Viele machen sich heute auf die Suche nach einer aus ihrem Inneren neu erwachsenden Religiosität, wie auch immer sie dann aussieht. Religiöse Angebote gibt es wie Sand am Meer. Wichtig ist, sich das herauszusuchen, was sich als wahrhaftig erweist und andererseits auch zu den eigenen Erfahrungen und vielleicht auch Verletzungen passt, was eben heil macht.

Ich wünsche Ihnen, dass Sie sich auf diese Suche einlassen können, denn Spiritualität kann ein großer

Kraftort sein, der hilft, in den tiefsten Tiefen unseres Lebens nicht zu verzweifeln und die Hoffnung zu leben, selbst wenn die Situation aussichtslos erscheint.

Kraftspender Nr. 11 – Sonne genießen

Ohne Sonne, ohne Licht und Wärme können wir Menschen nicht leben. Wie wichtig nicht nur die Wärme, sondern vor allem auch das Sonnenlicht für uns ist, zeigt sich bereits nach einem langen Winter oder einer Regenperiode: Man ist schlapp und lustlos und es geht einem nichts von der Hand.

Wer sich aber auch im Winter nach draußen wagt, um das Tageslicht zu genießen und Strahlen der Wintersonne aufzufangen, tut sich etwas Gutes. Denn wenn unsere Haut mit UV-B-Strahlen in Kontakt kommt, entsteht das lebenswichtige Vitamin D. Im Winter, wenn die Sonne tief steht, kommen diese Strahlen in Mitteleuropa jedoch kaum an – der Vitamin D-Mangel kann zu gesundheitlichen Problemen führen.

Oftmals wird der Zusammenhang von Serotonin und dem Sonnenlicht beschrieben. Die Forscher sehen jedoch mehr den Zusammenhang zwischen der Lust nach »Süßem«, wenn wir das Sonnenlicht vermissen. Serotonin ist ein »Botenstoff« in unserem Gehirn. Es greift in unseren Schlaf-Wach-Rhythmus ein, beeinflusst das Sexualverhalten, unsere Aggressionen, Impulsivität, unser Gedächtnis, den Appetit, die Angst und unser Lebensgefühl. Wie viel davon vorhanden ist, hängt auch ein wenig davon ab, was wir essen und naschen. Deshalb lieben die meisten Menschen Süßes, vor allem bei Lichtmangel. Wenn uns das Licht fehlt, steigt die Lust auf Süßes (und Fettes, das jedoch langsamer wirkt). Licht und Zucker haben dieselbe Wirkung auf die Stimmung des Menschen, denn beide greifen in den Serotoninstoffwechsel ein.

Also, verwöhnen Sie sich in der lichtarmen Zeit – nicht zu viel Süßes und auch nicht zu viel Sonnenlicht, aber beides in Maßen schützt vor Depression und gibt uns Kraft.

Kraftspender Nr. 12 – Stille genießen

Stille genießen heißt, aus sich selbst zu schöpfen. Viele Menschen schalten ihr Radio, den Fernseher oder ihren MP3-Player (oder alles auf einmal) an, um die Stille nicht mehr zu hören. Meistens sind sie dann aber auch nicht an der Musik oder den Beiträgen in Radio und Fernsehen interessiert. Es geht nur darum, dass es nicht ganz still, sondern immer noch etwas zu hören ist. Manche Menschen tun das, weil sie Angst vor dem Alleinsein haben. Die Stimme aus dem Radio oder dem Fernsehen suggeriert ihnen dann, dass da jemand ist außer ihnen selbst. Manche ertragen es aber auch einfach nicht, dass sie einmal nicht berieselt werden. Sie brauchen das Gefühl, immer etwas zu hören, das sie von den Gedanken und Gefühlen in ihrem Kopf und in ihrem Herz ablenkt, damit sie von ihnen nicht »überschwemmt« werden.

Es gibt jedoch heute auch viele Menschen, die bewusst die Stille suchen, beispielsweise in einem Kloster. Manche flüchten geradezu an diese Orte der Ruhe. Die Ordnung, die Stille und die konstruktive Klarheit, die hier herrschen, helfen ihnen, Ordnung und Ruhe in sich selbst zu finden. Oft gelingt es dann aber nicht, diese Stille auch wieder mit in den ganz normalen Alltag hinüberzunehmen. Aber schon der Versuch, das zu tun, ist wertvoll. Und wenn es auch nur jeden Tag ein paar Minuten Stille sind, die davon übrig bleiben, ist schon viel gewonnen.

In Friedrich Nietzsches »Also sprach Zarathustra« ist die Stille mehrfach das Thema. »Die größten Ereignisse – das sind nicht unsre lautesten, sondern unsre stillsten Stunden« kann man dort lesen, und: »Die stillsten Worte sind es, welche den Sturm bringen. Gedanken, die mit Taubenfüßen kommen, lenken die Welt.«

Besonders der erste Vers hat es mir angetan, und ich füge gerne die Ihnen sicher bekannte Aussage hinzu: »In der Stille liegt die Kraft.« Stille hat für mich nicht nur etwas mit Lautlosigkeit zu tun, sondern auch mit Bewegungsfreiheit: Stille ist etwas, was ich von Zeit zu Zeit wirklich ersehne. Dann ziehe ich mich an einen ausgewählten Platz zurück und werde (hoffentlich) nicht gestört. Dort habe ich keine Verpflichtungen, es gibt keinen Lärm, kein Handy – nur Gedankenfreiheit. Oft gehe ich dann wandern, bewege mich draußen in der Natur.

Für mich ist das Bewegungsfreiheit in alle Richtungen und ohne Zeitdruck, Bewegungsfreiheit mit allen Sinnen – das baut mich auf und stärkt mich. Schön, dass meine Familie, meine Freunde dieses Bedürfnis nach Stille akzeptiert und mich ziehen lässt.

Bewusst geworden ist mir die Freude an der Stille auf meinem Jakobsweg nach Santiago de Compostela. Die kleine Gruppe, mit der ich unterwegs war, akzeptierte meinen Wunsch nach Abgeschiedenheit bei den Tageswanderungen. Die gewonnene innere Energie und die Freude, mich abends wieder austauschen zu können, sind für mich wahre Kraftspender.

Stille ist eine Rahmenbedingung für viele Entspannungsübungen, zum Beispiel autogenes Training oder Yoga. Geräuschkulissen stören die Besinnung und die »Beschaulichkeit« (Kontemplation), die notwendig ist, um sich entspannen zu können. Stille spielt deshalb auch eine wichtige Rolle in Religion und Meditation.

Ein wesentlicher Punkt bei der Suche nach Stille und Ruhe ist der, dass es immer darauf ankommt, wie man etwas tut. Wenn Sie beispielsweise an Ihr Frühstück denken: Setzen Sie sich an den Tisch dazu oder trinken Sie nur kurz im Stehen eine Tasse Kaffee und lesen die Zeitung, während Sie Ihr Brötchen hinunterwürgen?

Versuchen Sie einmal, beim Frühstück weder Fernseher noch Radio anzuschalten. Bleiben Sie bei sich und genießen Sie Ihr Frühstück. Vielleicht spüren Sie dann, dass die Ruhe, die Sie in dieser Zeit umgibt, den ganzen

Tag bei Ihnen bleibt und Sie entspannter macht als sonst. Vielleicht haben Sie ja für sich auch schon einen Platz gefunden, an dem Sie die Stille genießen können, um dann wieder kraftvoll in den Alltag zurückzukehren.

Kraftspender Nr. 13 – Übergewicht reduzieren

Ich nehme zurzeit wieder ab. Absichtlich und bewusst. Ich bin nun so weit, dass ich Nein sagen kann zu Gerichten, die sich negativ auf mein Gewicht auswirken. Es fällt nicht leicht, aber irgendwann störte mich mein Bauch derart, dass er wieder einmal sichtbar weniger werden musste.

Einige Tage standhaften Widerstehens liegen nun hinter mir und ich bin stolz auf mich. Als ich jünger war, ging das mit dem Abnehmen sehr leicht, nun habe ich doch zu kämpfen. Aber ich habe mir alle Ausreden verboten und ich werde auch nicht auf die Schmeicheleien der anderen hören, die mir weißmachen möchten, dass ich doch gar nicht zu viel wiege.

Nun bin ich nicht wirklich übergewichtig, aber ich passe eben nicht mehr in meine Lieblingskleider hinein. Es fällt mir nicht ein, dem »Dürrewahn« zu verfallen, aber ich möchte einfach bewusst auf einige Dickmacher verzichten und auch bei meinen Lieblingsgerichten meinen Magen fragen, wann es ihm reicht, und dann einfach aufhören zu essen.

Wie geht es Ihnen, hat der Arzt Ihnen auch geraten, Sie sollten mehr auf Ihr Gewicht achten? Treiben Sie ein wenig Sport, essen Sie gesund und vernünftig und lassen Sie sich nicht beirren – seien Sie stolz auf sich!

Kraftspender Nr. 14 – Wünsche formulieren

Wunschzettel sind nicht nur etwas für Kinder zum Geburtstag oder zu Weihnachten. Auch wir erwachsenen »Kinder« haben Wünsche und dürfen sie aussprechen, aufschreiben, formulieren und sie uns auch erfüllen. Meistens bekommen wir die Geschenke dann von uns selbst.

Vielleicht nehmen Sie sich einen Zettel und beginnen damit, Ihre materiellen Wünsche aufzuschreiben. Lassen Sie nichts aus und verwöhnen Sie sich so richtig mit dem, was Sie aufschreiben. Sie werden sich wundern, wie gut das Ihrer Seele tut. Natürlich muss Ihnen dabei klar sein, dass nicht alle Wünsche in Erfüllung gehen können, aber das wissen Sie ja auch. Fühlen Sie sich einmal wie im Schlaraffenland, wo es alles gibt, was Sie sich denken können, und sie nur einpacken und nichts bezahlen müssen. Sie können auch einen Katalog nehmen und mit den Angeboten daraus Ihren Wunschzettel füllen, wenn Ihnen das leichter fällt.

Sicher kommt Ihnen irgendwann der Gedanke, dass Sie das eigentlich alles nicht wirklich brauchen. Gehen Sie Ihre Liste noch einmal durch und streichen Sie jetzt, was Ihnen überflüssig scheint. Manches wird aber auf dem Wunschzettel bleiben und auf die »Warteliste der zu erfüllenden Wünsche« kommen.

Nun nehmen Sie sich einen weiteren Zettel und schreiben alle nichtmateriellen Wünsche auf. Dabei denke ich an Dinge wie: sportliche Aktivitäten intensivieren, mehr lesen, Beine hochlegen, Löcher in die Luft schauen, singen oder ein Lied pfeifen, an Blumen schnuppern, schöne Steine suchen usw.

Diese Wünsche sind etwas schwieriger zu formulieren und auch zu erfüllen, denn die meisten werden nicht nur Sie selbst, sondern auch Ihren Partner, Ihre Kinder, Ihre Verwandtschaft und Ihre Freunde betreffen. Wenn Ihnen nichts mehr einfällt, versuchen Sie auch hier wieder, eine Auswahl zu treffen und sich für das zu entscheiden, was Ihnen wirklich am Herzen liegt.

Betrachten Sie nun die beiden Listen, die vor Ihnen liegen. Versuchen Sie einmal herauszufinden, was Sie sich davon selbst »schenken« können und was mit wenig Aufwand leicht umzusetzen ist. Vielleicht können viel mehr Ihrer Wünsche in Erfüllung gehen, als Sie geglaubt hätten! Die Erfüllung von Wünschen ist immer ein Kraftspender, und wenn Sie sich einige davon, die keine Mühe kosten, selbst zum Geschenk machen, wird das Ihr Selbstwertgefühl deutlich steigern.

Kraftspender Nr. 15 –
Zeit nehmen für sich

Es fällt Ihnen schwer, Zeit zu finden, die nur Ihnen gehört, in der Sie das tun können, wozu Sie gerade Lust haben? Nehmen Sie sich diese Zeit, niemand sonst wird Sie Ihnen geben können. Vielleicht wollen Sie diese Zeit auch gar nicht mit irgendwas »verbringen«, sondern einfach nichts tun. Auch gut, lassen Sie sich nicht einreden, dass Sie immer etwas tun müssen!

Wenn ich mir Zeit für mich selbst nehme, beginnt das immer damit, dass ich die Uhr ablege. Der Griff zum Uhrband ist schon ein Ritual geworden. Mit einem Lächeln lege ich die Uhr zur Seite.

Wichtig ist aber, dass Sie diese Zeit für sich fest einplanen, sozusagen »blocken« in Ihrem Terminkalender, denn sonst findet sich immer etwas, was in diesem Moment unbedingt zu erledigen ist: Fensterputzen, Staubsaugen, den Müll raustragen …

Dazu gibt es einen wunderschönen Text von Phil Bosmans, einem belgischen Ordenspriester und Schriftsteller, den ich Ihnen hier gerne zitieren möchte: »Die Zeit, die die Menschen auf die berufliche Arbeit verwenden, wird immer kürzer. Sie bekommen immer mehr freie Zeit, immer längere Wochenenden, immer mehr Urlaub. Aber wenn man sich so umschaut, haben es die Menschen immer furchtbar eilig. Wenn man jemand fragt, heißt es meistens: ›Ich habe keine Zeit.‹

Noch nie gab es so viele gehetzte Menschen. Väter

und Mütter warten endlos auf den Besuch ihrer Kinder: Die haben keine Zeit. Kranke und Alte sehen die Gesunden und die Jungen vorbeihasten: Die haben es so eilig. Ehepartner werden sich fremd: Sie haben keine Zeit füreinander.

Warum haben wir so wenig Zeit? Die Umgebung, die Reklame, die Freizeitindustrie reden pausenlos auf uns ein, was wir alles haben müssen, was wir alles tun und was wir uns alles leisten müssen. Und so wird das ganze Leben lückenlos verplant. Deshalb möchte ich dir den Vorschlag machen: Tu einmal nichts! Komm endlich zur Ruhe!

In der Stille wohnen die Freuden des Lebens, die wir vor lauter Hetze verloren haben. Aus der Stille wachsen die kleinen Aufmerksamkeiten, die viel weniger Zeit brauchen, als wir meinen: ein gutes Wort, ein freundliches Gesicht, ein dankbarer Kuss, ein verständnisvolles Zuhören, ein überraschender Telefonanruf, ein selbstgemachtes Geschenk, ein fröhlicher Brief. Tilge aus deinem Leben das tödliche ›Ich habe keine Zeit‹. Nimm dir Zeit, um ein guter Mensch zu sein für deine Mitmenschen.«

In einem alten irischen Segen wird das sehr schön formuliert:

Nimm dir Zeit zu arbeiten:
Das ist der Preis des Erfolgs.
Nimm dir Zeit nachzudenken:
Das ist die Quelle der Kraft.
Nimm dir Zeit zu entspannen:
Das ist das Geheimnis der Jugend.
Nimm dir Zeit zu leben:
Das ist die Grundlage der Weisheit.
Nimm dir Zeit zu lachen:
Das ist Musik für die Seele.
Nimm dir Zeit, liebenswürdig zu sein:
Das ist der Weg zum Glück.
Nimm dir Zeit, genau hinzuschauen:
Das ist Arznei für den Egoismus.
Nimm dir Zeit zu beten:
Das ist der direkte Weg zu Gott.

Kraftspender Nr. 16 –
Schlechte Angewohnheiten ablegen

Wir alle haben »schlechte Angewohnheiten« – aber
wenn wir sie einmal bewusst zum Thema machen, sind
wir schon auf einem guten Weg. Vielleicht ist es dabei
einfacher, viele kleine Schritte zu gehen (ein Tipp von
www.zeitzuleben.de):

Schritt 1: Würdigen Sie Ihre schlechten Angewohnheiten
Zunächst ist es wichtig, nicht länger gegen sich selbst zu kämpfen. Wenn Sie sich dafür verurteilen, eine schlechte Angewohnheit zu haben, denken Sie negativ von sich und behandeln sich
schlecht. Das ist weder angenehm noch motivierend. Viel nütz-

licher ist es, schlechte Angewohnheiten stattdessen als eine Chance zu sehen, etwas über sich selbst zu erfahren und etwas für sich zu tun. Fördern Sie Ihre Lust an der Veränderung!

Schritt 2: Verstehen Sie Ihre schlechten Angewohnheiten

Leider glauben die meisten Menschen von sich, sehr viele schlechte Angewohnheiten zu haben. Wenn sie aufgefordert werden, diese einmal aufzuschreiben, kommt dabei eine endlos lange Liste heraus. Eine solche Liste wirkt frustrierend. Entscheidend ist aber, zu erkennen, welche unserer Angewohnheiten uns wirklich behindern. An diesen lohnt es sich dann auch zu arbeiten. Die anderen können Sie selbstbewusst als »Schrullen« abtun, die jeder Mensch hat, aber niemandem wehtun.

Versuchen Sie Folgendes: Schreiben Sie zunächst alle Angewohnheiten auf, die Sie an sich nicht mögen, die Sie also als Ihre schlechten Angewohnheiten bezeichnen würden. Bitte seien Sie hier nicht übermäßig kritisch. Notieren Sie nur das, was Ihnen spontan in den Kopf kommt, und grübeln Sie nicht stundenlang nach. Überlegen Sie sich nun, welche von diesen Angewohnheiten Sie als besonders hinderlich im Alltag empfinden. Wählen Sie bitte höchstens drei der Angewohnheiten aus und entscheiden Sie sich dann für diejenige, unter der Sie am meisten leiden. Nehmen Sie sich diese Angewohnheit nun vor und analysieren Sie sie folgendermaßen:

• Kurze Beschreibung meiner Angewohnheit

• Wie oft tue ich das?

• Welche Nachteile entstehen mir durch dieses Verhalten?

• Wann habe ich das zum ersten Mal getan? (Nicht immer werden Sie das rekonstruieren können, aber versuchen Sie bitte, sich daran zu erinnern. Das kann Sie direkt an die Wurzeln dieser Angewohnheit führen und Ihnen einige wichtige Erkenntnisse vermitteln.)

- Warum habe ich damit begonnen? (Forschen Sie hier bitte, auch wenn es vielleicht etwas unangenehm ist, möglichst intensiv nach den Gründen. Wenn Sie verstehen, was Sie ursprünglich zu diesem Verhalten veranlasst hat, fällt es Ihnen deutlich leichter, den heutigen Nutzen dieser Angewohnheit zu erkennen.)

- Was mir diese Angewohnheit ermöglicht, nutzt oder was sie mir an Vorteilen bringt (Hier bitte nicht gleich aufgeben, sondern wirklich ein bisschen überlegen – Sie haben in jedem Fall mindestens einen Vorteil von dieser Angewohnheit, denn sonst würden Sie das nicht tun! Es muss sich dabei aber nicht immer um deutlich erkennbare, also direkte Vorteile handeln, denken Sie also auch etwas »um die Ecke«.)

Schritt 3: Hebeln Sie Ihre schlechten Angewohnheiten aus

Wenn Sie erkannt haben, welchen Vorteil (oder auch mehrere) Sie von einer schlechten Angewohnheit haben, halten Sie den Schlüssel in der Hand, um diese Angewohnheit loszuwerden.

Nehmen Sie nun ein großes Blatt Papier und sammeln Sie Ideen dafür, wie Sie diesen Vorteil auf eine andere Weise als durch Ihr Verhalten erreichen können.

Beispiel: Sie haben als schlechte Angewohnheit »Nägelkauen« aufgeschrieben. Da Sie sich Ihre Nägel oft blutig beißen, haben Sie genügend Motivation, das zu ändern. Sie finden durch die Analyse heraus, dass Sie vor allem dann an Ihren Nägeln kauen, wenn Sie sich von anderen Menschen unter Druck gesetzt fühlen. Diesen Zusammenhang hatten Sie bisher noch nicht gesehen, sondern dachten, Sie machen das grundsätzlich in stressigen Situationen. Sie erkennen, dass Ihr Nägelkauen Ihnen ermöglicht, aus der Situation zu fliehen: Indem Sie sich selbst Schmerzen zufügen, müssen Sie sich nicht mehr mit Ihrer Ohnmacht befassen, die Sie erleben, wenn Sie von anderen unter Druck gesetzt werden. Sie erkennen, dass Ihr Nägelkauen eine Art »Signallampe« für Situationen ist, in denen Sie mit sich Dinge geschehen lassen, die Sie eigentlich nicht wollen. Auf diese Weise wird es Ihnen möglich, sensibler für sich selbst zu werden und immer öfter für sich einzustehen. Statt sich blutig zu beißen, wird es Ihnen vielleicht zunächst möglich, den Raum zu verlassen, wenn Ihnen jemand zu sehr zusetzt. Beim nächsten Mal trauen Sie sich dann vielleicht schon, ein offenes Wort zu sprechen.

Natürlich ist dieses Beispiel vereinfachend. Es lässt aber anschaulich werden, wie unsere schlechten Angewohnheiten gleichsam zu »Verbündeten« werden können, die uns dabei helfen, uns auf eine Weise zu verändern, die uns guttut. Das meint: Die schlechte Angewohnheit ist dann nicht mehr etwas, was wir einfach nur »weghaben wollen«, sondern sie hilft uns dabei, uns so zu entwickeln, dass wir die schlechte Angewohnheit einfach nicht mehr nötig haben.

Kraftspender Nr. 17 – Ärger lüften

Gefühle ausdrücken ist oft eine heitere, lockere Angelegenheit, aber man gibt auch viel von sich selbst preis dabei. Einerseits erleichtert man sich dadurch also das Leben und so manche Entscheidung. Andererseits offenbart man sich dadurch, macht sich verletzlich und hat dann manchmal nicht mehr die Möglichkeit, sich zurückzuziehen, sich zu schützen. Das heißt: Nicht immer ist es ratsam, seinen Gefühlen freien Lauf zu lassen.

Insgesamt wohl ein schwieriges Thema, zu dem es viel zu sagen gibt. Gerade in Konfliktsituationen führt das Sprechen über unsere Gefühle oft zu Missverständnissen. Denn obwohl wir überzeugt sind, von unseren Emotionen zu sprechen, tun wir eigentlich nichts anderes, als unser Gegenüber massiv zu beschuldigen und abzuwerten.

Sicher kennen Sie diese oder ähnliche Aussagen:

»Ich fühle mich gedemütigt, wenn du deine Witze immer auf meine Kosten machst.«

»Mein Gefühl ist, dass du nur auf deinen Vorteil bedacht bist.«

»Ich fühle mich von dir in die Enge getrieben.«

Wer glaubt nicht im ersten Moment, dass hier von Gefühlen die Rede ist? Leider handelt es sich aber um abwertende Du-Botschaften, in denen wir nichts von uns verraten. Unser Ärger kann zwar ohne Weiteres »erspürt« werden. Doch der indirekte Ausdruck unseres Gefühls in der Form eines Vorwurfs wird bei unserem Gegenüber nicht zu mehr Verständnis für uns führen, sondern Ärger und Ablehnung provozieren. Oft genug eskaliert eine solche Situation und endet darin, dass man das Gespräch abbricht. Das Vertrackte ist: Die meisten Menschen sind ratlos, wie sie diese Aussagen anders formulieren könnten.

Wie können wir also unserem Gegenüber signalisieren, dass wir zwar ärgerlich sind, aber gleichzeitig auch offen für ein Gespräch? Die Zauberformel heißt: die eigene Wahrnehmung und die eigenen Bedürfnisse ausdrücken und Ich-Aussagen formulieren. Dazu muss ich mir folgende Fragen beantworten: Was nehme ich wahr? Worauf genau gründet sich mein Gefühl? Worüber bin ich frustriert? Und vor allem: Was wünsche ich mir? Welches Bedürfnis habe ich? Versuchen wir es also mit einer Übersetzung:

Du-Botschaft: »Ich fühle mich gedemütigt, wenn du deine Witze immer auf meine Kosten machst.«

Ich-Aussage: »Du hast gestern beim Essen mit unseren Freunden Witze erzählt und dabei Anspielungen auf mich gemacht. Ich habe mich darüber sehr geärgert. Ich möchte bei unseren Freunden nicht als humorloser Mensch hingestellt werden.«

Du-Botschaft: »Mein Gefühl ist, dass du nur auf deinen Vorteil bedacht bist.«

Ich-Aussage: »Ich bin mit der momentanen Regelung bezüglich unserer gemeinsamen Haushaltskasse unzufrieden, weil … Ich möchte gern eine andere Regelung.«

Du-Botschaft: »Ich fühle mich von dir in die Enge getrieben.«

Ich-Aussage: »Ich fühle mich sehr unwohl, wenn wir so wie eben miteinander reden und uns gegenseitig nicht ausreden lassen. Du sagst, du hättest keine Lust auf lange Diskussionen. Ich meine jedoch, wir brauchen für die Punkte, die wir miteinander klären wollen, etwas

Zeit. Ich möchte gern mit dir einen Termin vereinbaren, um mit mehr Ruhe über die Sache reden zu können.«

Auffallend ist bei allen Ich-Aussagen: Wir brauchen in der Regel mehr Worte, um unserem Gesprächspartner klarzumachen, was uns wichtig ist. Du-Botschaften sind meist einseitige Schuldzuweisungen. Sie gehen uns schnell von der Zunge. Um tatsächlich unsere Gedanken, Wahrnehmungen und Gefühle auszudrücken, müssen wir uns mehr Zeit nehmen.

Kraftspender Nr. 18 – Den Tatsachen in die Augen sehen

Wir kommen zur Welt und gehen von Geburt an auf den Tod zu. Alles Leben ist vergänglich. Eine existenzielle Wahrheit, über die man dennoch nicht jeden Tag nachdenken möchte. Und doch wird unser Leben intensiver, wenn wir uns dessen bewusst bleiben.

Als Trauerbegleiterin und Hospizgründerin habe ich mich viele Jahre mit diesen Themen eindringlich beschäftigt. Viele Sterbende haben mir in unseren Gesprächen erzählt, wie tief ihr Bedauern sei, dieses oder jenes nicht getan oder gelebt zu haben. Bei manchen Dingen besteht auch noch bis zum Schluss die Möglichkeit, etwas nachzuholen. Manchmal muss man es aber auch einfach als verpasste Möglichkeit akzeptieren. Es ist uns allen bewusst, dass alles vergänglich ist: Schönheit ebenso wie Ruhm und Reichtum.

Nichts bleibt so, wie es ist –
nicht die Schönheit,
nicht das Leiden,
nicht die Ansichten,
nicht die Meinungen,
nicht die Gedanken,
nicht ...

Kraftspender Nr. 19 – Erinnerungen erzählen

Erinnerungen sind gelebtes Leben und ein Schatz, den uns niemand mehr nehmen kann. Sie machen das Leben reich und tragen bis ins hohe Alter. Das spüre und sehe ich immer wieder, wenn ich mit den Bewohnern eines Seniorenheims jeweils zu einem Thema male. Viele Menschen, die an Demenz erkrankt sind, können sich dann plötzlich wieder erinnern. Bei anderen, die nur mit Vergesslichkeit zu kämpfen haben, werden Erinnerungen wach, die sie selbst schon vergessen zu haben glaubten. Leider sind die Erzählungen oft durch Erinnerungen an den Krieg, die Trennung von geliebten Menschen und Hunger belastet. Aber bei Urlaubserinnerungen beispielsweise hellen sich die Gesichter auf. Wenn wir dann die Erinnerungen an die ersten Fahrten nach Italien malen, sind alle gleich mit dabei, und es wird bunt auf den Bildern.

Erinnerungen sind das Leben des Menschen. Ich spüre immer wieder, wie sehr es mich beschäftigt, an meinen Vater keine Erinnerungen zu haben. Als Kind habe ich immer von »meinem Heinrich« als meinem Vater gesprochen.

Was wäre gewesen, wenn ich ihn als Vater erlebt hätte? Nach dem Tod meiner Mutter habe ich viele seiner Briefe gefunden und wünsche mir das seither noch mehr. Ich habe keine eigenen Erinnerungen an ihn, nur »fremde«, eben die, die meine Mutter an ihn hatte und die sie mir weitererzählt hat. Dennoch gibt mir das Kraft, weil ich weiß, dass ich ein Wunschkind war, auf das mein Vater sich sehr gefreut hat, zu dessen Geburt er extra nach Hause kam.

Welche Kraft in Erinnerungen liegen, kann man oft auch im Freundes- und Bekanntenkreis spüren. Menschen, die viele gemeinsame Erlebnisse haben, über die sie sich austauschen und oft auch herzhaft lachen können, verbindet etwas, das man nicht mit Geld kaufen kann. Wie oft sagt man, wenn man sich trifft: »Weißt du noch, als ...« Erinnerungen können, gerade nach dem Tod eines geliebten Menschen, sehr schmerzhaft sein. Aber auch Trauernde empfinden, wenn die schlimmste Zeit vorüber ist, Erinnerungen als etwas, das ihnen Kraft gibt und oft auch Freude zurück in ihr Leben bringt: Die Freude, diesen Menschen gekannt und so viel mit ihm erlebt zu haben.

Kraftspender Nr. 20 – Bäume umarmen

Manche Leute schütteln verständnislos den Kopf, wenn sie davon hören, dass man Bäume umarmen sollte. Bevor Sie das aber als Unsinn abtun, versuchen Sie es vielleicht erst einmal. Bäume sind ganz wunderbare Wesen. Jeder ist anders, jeder ist einzigartig. Bäume sind Lebewesen und können uns etwas von ihrer Kraft übertragen. Von ihnen können wir lernen, wie das geht: uns zu verwurzeln. Und wir können staunen, wenn wir es wagen, einen Baum zu umarmen. Tun Sie es doch einfach einmal!

Wählen Sie sich einen Baum aus. Wählen Sie mit Bedacht: Welcher soll es sein? Ein großer starker, der den Eindruck macht, nichts kann ihn umwerfen? Oder lieber einer, der so zierlich, fast schüchtern dort am Rand steht? Oder vielleicht eine Trauerweide, deren lange Zweige sich wie ein Federkleid sacht im Wind wiegen? Oder doch lieber eine knorrige alte Eiche?

Nähern Sie sich langsam dem Baum, den Sie sich ausgesucht haben. Schauen Sie ihn an. Nehmen Sie wahr, wie sich das Bild verändert, je näher Sie ihm kommen, wie viele Feinheiten Sie nach und nach entdecken können. Der Baum hat fast ein Gesicht, zumindest aber ein unverwechselbares Profil.

Legen Sie Ihre Hand auf den Baum. Wie fühlt die Rinde sich an? Ist sie glatt oder rau, rissig, weich oder hart? Wie sieht das Muster dieses Mantels aus? Und wie fühlt sich der Baum an? Wie riecht er?

Verweilen Sie. Lehnen Sie sich an. Nehmen Sie Kontakt auf. Spüren Sie ihn. Und dann versuchen Sie es: Umarmen Sie ihn. Vielleicht können Sie mit dem Baum atmen. Nehmen Sie auf, was der Baum Ihnen schenkt. Werden Sie zum Baum. Und wenn Sie sich von Ihrem neuen Freund wieder verabschieden, sind Ihre eigenen Wurzeln vielleicht ein Stück tiefer in die Erde gewachsen.

Manche Menschen erzählen, dass sie nach einer solchen Begegnung auf einmal nicht mehr wussten, ob sie den Baum umarmt haben oder ob der Baum sie umarmt habe.

Vielleicht treffen wir uns ja zufällig einmal, wenn ich wieder auf dem Weg zu meinen stärkenden Bäumen bin ...

Kraftspender Nr. 21 – Herzsteine suchen

Herzsteine ziehen einen an. Sie versuchen, mit Ihrem Herz zu sprechen. Herzsteine haben ganz unterschiedliche Formen und Farben und man kann sie eigentlich fast überall auf der Welt finden. Manchmal sieht man sofort: Das könnte ein Herzstein sein, selbst wenn er noch etwas im Boden vergraben ist.

Bei mir ist es beinahe zur Sucht geworden, solche Herzsteine zu sammeln und sie auf meinem Fensterbrett zu horten. Nachdem in meinem letzten Buch »Wenn plötzlich alles ganz anders ist – Veränderungen mit Ritualen meistern« mein Lieblingsherzstein abgebildet war, bekomme ich immer neue Rückmeldungen von begeisterten Herzsteinsammlern.

Beim Betrachten der Herzsteine mit ihren Adern und Einschlüssen erinnere ich mich oft an mein eigenes Leben. Manchmal sind die Steine auch schöne Handschmeichler, die trösten, wenn man sie in der Jackentasche mit sich trägt.

Sie können sich zusammen mit anderen Menschen auf die Suche nach Herzsteinen machen und sich gegenseitig erzählen, warum gerade dieser eine Stein Ihr Herzstein sein soll.

Herzsteine suchen ist eine ganz persönliche Leidenschaft von mir. Es ist nicht nur eine Gewohnheit, sondern ein Ritual geworden. Steinreiche Gegenden faszinierten mich schon immer. Ich habe mich dann gefragt: Woher kommen diese Steine, was haben sie erlebt, warum haben sie gerade diese wunderschönen, glitzernden Adern, wie alt werden sie sein?

Herzsteine sind etwas ganz Besonderes und können uns ein Leben lang begleiten. Sie sind Symbole für unser eigenes Sein.

Ich selbst suche Herzsteine am liebsten an Ufern von Flüssen oder im seichten Gewässer. Es sind diese weichen, runden Formen, die es mir angetan haben und in der Hand schmeicheln. Sie merken sofort: Dieser Stein gehört zu mir, wenn Sie einen Herzstein gefunden haben. Schauen Sie sich seine Maserungen und Einkerbungen an, so kann eine tiefe Verbindung zwischen Ihnen und diesem Stein entstehen.

Die beiden Seiten eines Herzsteines – Vorder- und Rückseite – sind verschieden und symbolisieren die beiden Seiten einer Sache, um die es oft gerade geht. Das können beispielsweise Mut und Angst, Sicherheit und Unsicherheit, Neid und Freude, Weichheit und Härte sein.

So ein Stein bringt mich – und vielleicht auch Sie – zum Nachdenken und lässt mich auch Kraft schöpfen.

Kraftspender Nr. 22 – Tief ein- und ausatmen

Wir können Kraft schöpfen, indem wir uns mit uns beschäftigen und bei uns bleiben. Das ist ganz einfach, kostet Sie nur ein paar Minuten und funktioniert sogar am Arbeitsplatz. Unser Bewusstsein wird hier durch den natürlichen Rhythmus von Ein- und Ausatmen aktiviert, und so kann man sogar schwimmen ohne Wasser! Überlassen Sie sich dazu folgender Übung:

Setzen Sie sich auf einen Stuhl, ganz locker und bequem, und legen Sie beide Hände auf Ihre Knie.

Schließen Sie die Augen.

Atmen Sie ganz tief und langsam fließend bis ins Steißbein ein und wieder aus und spüren dem Atem nach.

Lassen Sie den Atem langsam auch in Ihre Arme fließen, in Ihre Beine und in Ihren Kopf.

Nun stellen Sie sich den Ort Ihres »Dritten Auges« zwischen den Augenbrauen vor und halten ihn fest. Auch hier fließt der Atem ein.

Lassen Sie sich viel Zeit, um dem Atem nachzuspüren.

Nun denken Sie an die Streckbewegungen beim Brustschwimmen. Sie fühlen, wie sich das Becken, das Rückrad, der Hals strecken und führen mental die Schwimmbewegungen aus. Sie können im Geist Schultern und Arme hinzunehmen und auch die Hände.

Genießen Sie in den nächsten Minuten einfach die »Bewegung« und beobachten Sie dabei Ihren Atem.

Hören Sie nach insgesamt zehn Minuten mit dem mentalen Schwimmen auf und atmen ruhig weiter.

Recken und strecken Sie sich zum Ende der Übung – wenn Sie möchten, dieses Mal nicht »im Kopf«, sondern mit dem ganzen Körper.

Mindestens einmal am Tag sollten Sie sich dieses Ritual gönnen.

Kraftspender Nr. 23 – Träume

»Das Leben wäre unerträglich, wenn wir nie träumten« (Anatole France). Und eine alte Volksweisheit sagt: »Träume sind Schäume.« Ich glaube nicht, dass es nur aufgeschäumte, weiße Luftbläschen sind. Ich denke, Träume haben ihren Sinn. Manchmal sind sie für uns nicht gleich deutbar und so manches Mal benötigen wir Zeit, um darüber noch eine Weile nachzudenken. Meistens muss man sich tiefer in das eigene Ich oder die Beziehungen zu den Menschen im eigenen Umfeld begeben, um ihnen auf den Grund zu kommen.

Ich vertraue meinen Träumen und habe vor vielen Jahren ein Ritual für mich entwickelt. Mit der Zeit funktionierte es immer besser. Und so geht es:

1. Als Malerin habe ich als vorletzten Gedanken vor dem Einschlafen, dass ich gerne in Farbe träumen möchte. Haben Sie schon einmal darauf geachtet, ob Sie in Farbe träumen? Ich genieße im Traum schon die heilsame Wirkung der Farben und würde Ihnen das auch wünschen.

2. Meine letzte Bitte vor dem Einschlafen ist dann zweigeteilt: dass ich einerseits Lösungen für derzeit anstehende Themen und Werke finde und dass ich andererseits nachfragen kann. Das Nachfragen gelingt immer besser. Ich erinnere mich an meine Träume bis ins kleinste Detail, und wenn ich die Augen geschlossen halte, kann ich auch zu der Stelle des Traums zurückgehen, die ich nochmals betrachten möchte. Das beinhaltet für mich die Bitte, nachfragen zu können. Somit kann ich abklären und beurteilen, wie wichtig dieses Symbol oder diese Traumsequenz für mich ist und wie ich damit umgehen möchte.

Zwischenzeitlich weiß ich auch, dass meine Träume wirklich wahr sind. Beispielsweise habe ich durch einen Traum von meiner Erkrankung an Brustkrebs vor den Ärzten gewusst, weshalb ich in einem sehr frühen Stadium operiert werden konnte.

Manchmal freue ich mich auch über Träume, die mich einfach schweben lassen, ohne einen Sinn zu ergeben oder Lösungen zu beinhalten. Es ist ein Gefühl, einfach im hellen, sonnigen Wolkenbett beschützt und warm aufgehoben zu sein. Was mir nun lieber ist? Ich denke, beides ist schön und wichtig. Auch in ganz schwierigen Zeiten habe ich mich in der Nacht erholt und bin mit neuen Kräften in den neuen Tag gegangen.

Seit vielen Jahren liegen auf meinem Nachttisch immer ein kleiner Block und ein Stift. Sie sind sozusagen meine »Traumfänger«. Ich freue mich auf meine Träume, weil sie mir immer etwas erklären, etwas klären oder auch Bilder zeigen wollen. Es würde mich unruhig machen, wenn ich nicht die Möglichkeit hätte, meine Träume gleich aufzuschreiben und damit meine Gedanken aufzufangen.

Zu Beginn meiner Beschäftigung mit Träumen habe ich mir vor dem Einschlafen immer ganz fest gewünscht zu träumen. Vielleicht ist das auch ein Anfang für Sie? Probieren Sie es doch einmal aus – ich denke, träumen kann man auch üben.

Wenn Sie mehr über dieses Thema wissen wollen oder Hilfe bei einer Traumdeutung brauchen, schauen Sie doch einmal auf die Homepage von Klausbernd Vollmar (www.traumonline.de, www.kbvollmar.de) oder bestellen Sie eines seiner Bücher. Dort erfahren Sie noch mehr über Traumsymbole, Schlüsselsymbole, Unterbewusstsein, Über-ICH und andere interessante Themen.

Kraftspender Nr. 24 – Lächelnd zuhören

Manchmal kann es sehr entspannend sein, wenn Sie sich in einem Gespräch einfach zurücklehnen und nur zuhören, den Tonfall, das Gesagte einfach auf sich wirken lassen, ohne selbst gleich etwas zu erwidern oder hinzuzufügen.

Genießen Sie, dass Ihnen ein anderer Mensch etwas mitteilen möchte, Ihnen etwas anvertraut, Sie als Gesprächspartner ausgesucht hat. Manchmal hat ein Gespräch auch nur dann Wirkung, wenn der Gesprächsfluss und die Gedankengänge des Erzählenden nicht unterbrochen werden.

Versuchen Sie einmal, tatsächlich lächelnd zuzuhören, ohne einzugreifen, ohne selbst gleich ein »Ja« oder »Aber« anzubringen. Sie können am Ende immer noch entscheiden, wie Sie sich zum Gesagten verhalten möchten, ob Sie etwas erwidern, ergänzen, zu bedenken geben. Gerade in Konfliktsituationen hilft dieser Kniff manchmal auch, den Streit zu entschärfen, die Aggressionen aus dem Gespräch zu halten. Hören Sie sich in Ruhe alles an und bitten Sie darum, über das Gesagte noch einmal nachdenken zu dürfen und dann erst zu antworten. Das kann eine Form von »Gedankenhygiene« sein, die Ihnen guttun wird. Eine Lösung für den Konflikt tut sich dann oft von selbst auf, wenn man einmal etwas Abstand zum Gespräch gewonnen hat und nicht mehr aus der ersten Emotion heraus reagiert.

Kraftspender Nr. 25 – Lernen

> »Wer nicht mehr strebt, wer nicht mehr lernt, der lasse sich begraben!«
> *Ernst Freiherr von Feuchtersleben*

Bei vielen Menschen, die ich in ihrer Trauer begleiten durfte, habe ich bemerkt, dass sie aus der Trauer heraus plötzlich als neue Persönlichkeit ins Leben zurückkehrten. Oft sind sie regelrecht dazu gezwungen, weil sie

Aufgaben übernehmen müssen, die ihnen sonst der Partner abgenommen hatte. Nun müssen sie sich selbst kümmern – und entwickeln dadurch ein völlig neues Selbstbewusstsein, das sie wieder »auf die Beine stellt«. Plötzlich ist ihnen völlig schleierhaft, warum sie ihr Geld nicht selbst bei der Bank abgehoben haben, warum sie nicht die Sprache gelernt haben, die sie immer sprechen wollten, oder warum sie die Fortbildungen an der Uni oder an der Volkshochschule nicht belegt haben, das Auto nie selbst in die Waschstraße gefahren und betankt haben … Dies nun alles plötzlich ganz allein zu können und auch zu tun, macht ungeheuer stark. Diese Menschen spüren: Was ich will, das kann ich!

Eigentlich hört man nie auf mit Lernen, gerade wenn man die Augen und die Ohren offen hält und sein Gefühl und seinen Verstand einsetzt. Vielleicht lernt man nicht mehr so, wie man das früher für Prüfungen und Abschlüsse getan hat, indem man die Nase in einem Buch vergräbt oder versucht, sich möglichst viele Dinge zu merken oder auswendig zu lernen. Wer neugierig bleibt, der lernt auch weiter, eigentlich bei allem, was er tut und in seinem Leben entdeckt.

Aber vielleicht war es Ihnen auch gar nicht möglich, einen Abschluss zu machen und einen Beruf zu erlernen. Vielleicht überlegen Sie gerade, dass Sie das gerne nachholen möchten und sind auf der Suche nach dem richtigen Beruf.

Jeder Mensch hat seine Anlagen und Fähigkeiten – schauen Sie, wo Ihre Begabungen liegen! Das ist nicht leicht, werden Sie sagen. Aber wahrscheinlicher ist, dass Sie sich nur noch nicht wirklich mit Ihren Fähigkeiten auseinandergesetzt haben. Nehmen Sie Ihre Wünsche wahr und lassen Sie sich von niemandem davon abbringen. Sie selbst wissen am besten, was Sie können und möchten, daher sollte das auch der Maßstab sein.

Wenn Ihnen das dennoch schwer fällt, hilft Ihnen vielleicht folgender Tipp: Nehmen Sie sich ein Blatt Papier und schreiben Sie einmal unter folgenden Überschriften auf, was Ihnen in den Sinn kommt:

Das kann ich:
Das kann ich nicht:
Das möchte ich lernen:
Das möchte ich nicht tun:
Das wollte ich schon lange einmal tun:

Schreiben Sie alles auf und seien Sie dabei ganz ehrlich mit sich. Hören Sie zunächst auf Ihren Bauch, dann erst auf den Kopf. Wenn sich bei manchen Ideen ein Lächeln auf Ihr Gesicht malt, dann liegen Sie richtig.

Setzen Sie Ihre Wünsche um, nutzen Sie Ihre Fähigkeiten. Lernen Sie Neues und treffen Sie sich mit Menschen, die daran ebenfalls interessiert sind. Sagen Sie nicht: »Das mach ich morgen« oder »Das mach ich, wenn ich pensioniert bin« oder »Das mach ich, wenn die Kinder aus dem Haus sind« ... Jetzt ist Leben, jetzt ist Ihr Leben!

Schlussgedanken

Es ist mir bewusst, dass meine Vorschläge hier nicht vollständig im Sinn von »alles, was möglich ist« sein können. Dennoch ist es für Sie, liebe Leserinnen und Leser, vielleicht ein Anfang, um über eigene Kraftspender nachzudenken, die Ihnen helfen können. Es sind alles nur Vorschläge – das, was Ihnen am besten hilft, müssen Sie selbst herausfinden. Das können auch noch ganz andere Dinge sein als die, die ich hier aufgeführt habe – ganz ungewöhnliche, solche, die »aus der Rolle« fallen oder von anderen skeptisch betrachtet oder sogar belächelt werden. Vielleicht sind es auch ganz intime Kraftspender, die Sie für sich auserkoren haben – die Hauptsache ist, dass Ihr Kraftspender Ihre Resilienz, Ihr Selbstvertrauen stärkt und sie auf einen glücklichen, harmonischen und persönlichen Lebensweg bringt. Dazu noch ein Text, der Ihnen auf dieser Suche vielleicht helfen kann.

Gehe ruhig und gelassen durch Lärm und Hast

Gehe ruhig und gelassen durch Lärm und Hast,
und sei des Friedens eingedenk, den die Stille bergen
kann.
Vertrage dich mit allen Menschen,
ohne, soweit dies möglich ist, dich ihnen auszuliefern.
Äußere deine Wahrheit ruhig und klar
und höre anderen zu, auch den Geistlosen und
Unwissenden;
auch sie haben ihre Geschichte.
Meide laute und aggressive Menschen,
für den Geist sind sie eine Qual.
Wenn du dich mit den anderen vergleichst,
könntest du bitter werden und dir nichtig vorkommen,
denn es wird immer Menschen geben, die größer oder
geringer sind als du.
Erfreue dich deiner Leistungen wie auch deiner Pläne.
Bleibe weiter an deinem Weg interessiert, wie
bescheiden er auch sei;
im wechselnden Glück der Zeiten ist er ein echter
Besitz.
Lasse Vorsicht walten in deinen geschäftlichen
Angelegenheiten,
denn die Welt ist voller Betrug.
Doch soll das dich nicht blind machen für vorhandene
Rechtschaffenheit;
viele Menschen bemühen sich, hohen Idealen zu folgen
und überall ist das Leben voller Heldenmut.
Sei du selbst. Vor allem heuchle nicht Zuneigung.
Und sei auch nicht zynisch, was die Liebe anbetrifft.
Denn trotz aller Dürre und Enttäuschung ist sie doch
ewig wie das Gras.

Nimm den Ratschluss der Jahre freundlich an,
und gib mit Würde die Dinge der Jugend auf.
Stärke die Kraft des Geistes,
damit er dich bei unvorhergesehenem Unglück schütze.
Aber quäle dich nicht mit Gedanken.
Viele Ängste kommen aus Übermüdung und Einsamkeit.
Neben einer gesunden Selbstdisziplin sei vor allem
freundlich zu dir.
Du bist nicht weniger ein Kind des Universums,
als es die Bäume und die Sterne sind;
du hast ein Recht hier zu sein.
Und, ob dir das klar ist oder nicht –
kein Zweifel besteht, dass das Universum sich so
entfalten soll.
Darum lebe in Frieden mit Gott, wie auch immer du ihn
verstehst.
Was auch immer deine Arbeit und deine Wünsche sind:
In dem lauten Durcheinander des Lebens halte mit
deiner Seele Frieden.
Trotz allen Schwindels, trotz aller Plackerei
und all der zerbrochenen Träume ist es dennoch eine
schöne Welt.
Sei auf der Hut und strebe danach, glücklich zu sein.

Gefunden in der Old Saint Paul's Church, Baltimore 1692

Dankeschön

Viele Ideen und Ratschläge gehen einem durch den Kopf, wenn man sich daran macht, ein Buch zu schreiben. Was möchte man nicht alles darin unterbringen! Das Auswählen fällt manchmal ganz schön schwer, weil man denkt: Wenn du das oder jenes weglässt, dann ist es am Ende genau das, was den Leserinnen und Lesern am meisten hilft. So ging es mir schon bei meinem ersten Buch. Ich denke aber, dass Sie gerade einen großen Fundus an Möglichkeiten in der Hand halten, der Ihnen sicher in der einen oder anderen Situation weiterhelfen wird. Und wer weiß – vielleicht schreibe ich ja einen zweiten Band?

Auch dieses Buch hat wieder von vielen Menschen eine Menge an Einsatz, Mühe, Nachdenken, Geduld und Nachforschungen gekostet. Ihnen allen möchte ich für ihre Hilfe danken.

Ein ganz besonders herzlicher Dank gilt meinen Lektorinnen Dagmar Olzog und Marlene Fritsch – ohne sie und ihr Team wäre das Buch wohl nicht erschienen, weil ich dann viel öfter meinem »inneren Schweinehund« nachgegeben hätte – der wollte nämlich lieber der Kunst frönen ...

Ich bin dankbar für dieses Leben, das mir so viele Hochs und Tiefs beschert hat, die ich nach und nach angenommen habe. Fremde Menschen sind mir mit ihrem Schicksal oft nicht wirklich fremd – daher freue ich mich, Sie ein Stück begleiten zu dürfen.

Buchempfehlungen

Bilinski, Wolfgang: *Phönix aus der Asche. Resilienz – wie erfolgreiche Menschen die Krisen meistern.* Freiburg i. Br.: Haufe 2010

Bosmans, Phil: *Mensch, ich hab dich gern.* Freiburg i. Br.: Herder 2010

Brooks, Robert; Goldstein, Sam: *Das Resilienz-Buch. Wie Eltern ihre Kinder fürs Leben stärken.* Stuttgart: Klett-Cotta 2009

Caddy, Eileen: *Herzenstüren öffnen.* Gutach i. Br.: Greuthof 2009

Cyrulnik, Boris: *Mit Leib und Seele. Wie wir Krisen bewältigen.* Hamburg: Hoffmann und Campe 2007

Doubek, Katja: *Was uns nicht umbringt, macht uns stark.* Hamburg: Rowohlt 2003

Eggers, Maria-Christina; Gyger, Pia: *Aufstieg ins Licht. Der Kreuzweg als Weg meiner Verwandlung.* München: Kösel 2009

Gruhl, Monika: *Die Strategie der Stehauf-Menschen: Resilienz – So nutzen Sie Ihre inneren Kräfte.* Freiburg i. Br.: Kreuz 2010

Harris, Russ: *Wer dem Glück hinterherrennt, läuft daran vorbei. Ein Umdenkbuch.* München: Kösel 2009

Heinzel, Roland: *Die Wiederentdeckung der Zuversicht: In schwierigen Zeiten Vertrauen finden.* München: Kösel 2008

Hurrelmann, Klaus; Unverzagt, Gerlinde: *Wenn es um Drogen geht. So helfen Sie Ihrem Kind und verlieren Ihre Panik.* Freiburg i. Br.: Herder 2000

Kraemer, Horst: *Soforthilfe bei Stress und Burn-out. Neue Energie in wenigen Tagen.* München: Kösel 2010

Kuby, Clemens: *Mental Healing – Das Geheimnis der Selbstheilung.* München: Kösel 2010

Leyen, Marie-Luise von der: *Lebenslinien: Außergewöhnliche Persönlichkeiten erzählen übers Älterwerden.* München: Piper 2009

Märtin, Doris: *Mich wirft so schnell nichts um. Wie Sie Krisen meistern und warum Scheitern kein Fehler ist.* Frankfurt: Campus 2010

Perras, Barbara: Resilienz praktisch. www.kindergartenpaedagogik.de/1123.html

Rampe, Micheline: *Der R-Faktor. Das Geheimnis unserer inneren Stärke.* Frankfurt: Eichborn 2004

Reddemann, Luise: *Eine Reise von 1000 Meilen beginnt mit dem ersten Schritt. Seelische Kräfte entwickeln und fördern.* Freiburg i. Br.: Herder 2007

Schmertzing, Georg: *Das Glück hat einen Ort in mir. Inspirationen für ein Leben aus dem Herzen.* München: Kösel 2009

Steiner, Marcel: *Tiefe Stille – Weiter Raum. Schweige-Impulse für jeden Tag.* München: Kösel 2009

Tepperwein, Kurt: *Leben wie die Götter. 8 Himalaya-Übungen für ein gesundes Leben.* München: Kösel 2010

Ulsamer, Bertold: *Wie Sie alte Wunden allein heilen und neue Kraft schöpfen: Familienaufstellung ohne Stellvertreter.* München: Kösel 2010

Welter-Enderlin, Rosemarie; Hildenbrand, Bruni: *Resilienz – Gedeihen trotz widriger Umstände.* Heidelberg: Carl-Auer-Systeme 2008

Wolf, Doris: *Ab heute kränkt mich niemand mehr: 101 Power-Strategien, um Zurückweisung und Kritik nicht mehr persönlich zu nehmen.* Stuttgart: Pal 2003

Quellenverweis

S. 109-111: Wolfgang Huber: *Leben ohne Grenzen,* Berliner Zeitung vom 04.04.2008

S. 165-166: Phil Bosmans, *Mensch, ich hab dich gern* © Verlag Herder GmbH, Freiburg i. Breisgau, 2010

S. 167-170: *Schlechte Angewohnheiten* aus: www.zeitzuleben.de